JN238493

ビジネスセオリー 001

スキルアップのための企業法務のセオリー

実務の基礎とルールを学ぶ

Business Theory Series 001

瀧川英雄 著

LexisNexis

はじめに

　大手書店の書棚には、企業法務を題材とした書籍が所狭しと並んでいますが、その多くは、商法や会社法などの法律解説、契約書作成・読解のノウハウを整理した内容のものです。もちろん、法律や契約書に対する理解は、法務担当者に不可欠な要素ですが、法務部の中で、多くの法務担当者の仕事ぶりを見てきた筆者の経験に照らして言えば、それだけで法務の仕事がこなせるようになるわけではありません。つまり、"法務の肝"は、それらとはまた別のところにあるのです。

　長年法務業務に携わってきた筆者の目から見ると、経験の浅い法務担当者が一様に悩んでいるのは、
「社内の事業部門のスタッフからの法務相談では、何を聞き出せばよいのか？」
「契約書審査で問題を絞り込めず、何もかも調べる羽目になっている」
「調査を依頼した顧問弁護士から、期待していた内容のレポートが上がってこなかった。どう対処すべきだろう？」
　というような、より実践的な問題であるように思われます。
　このような悩みは、法務業務の方法論に関わるものであり、法律や契約書に関する知識を深めて解決できる類のものではないのです。

　筆者は、以前に勤めていた会社で、若手法務担当者を対象とした「社内ロースクール」を立ち上げたことがあります。その会社では当時、社内カンパニー制が導入され、法務の機能を各社内カンパニーに分散せざるを得なくなったため、散り散りになった各法務担当者のクオリティを維持する必要に迫られたのです。それ以前から筆者は、「法務業務には一定の方法論があるのではないか」と考えてきましたが、部内の中堅担当者とともに手作りのテキストをこしらえ、若手法務担当者のスキルアップを目指した社内ロースクールでの試行錯誤は、「法務業務の多くは一般化が可能である」という筆者自身の仮説を証明する、有意義な体験ともなりました。
　このようにして蓄積した法務の方法論を実務に即して伝えることは、多くの法務担当者が日々感じている悩みや課題の解決のための一助になるかもし

れない。そう考えたことが、本書を著す大きな動機となりました。

　そして、本書の執筆を志したもう1つの理由には、昨今の法務部を取り巻く環境の変化があります。
　筆者がまだ駆け出しの法務担当者であった20数年前は、会社の重要な法務案件については、事業部門が直接弁護士に依頼してしまうため、我々に声がかかることがありませんでした。そのような状況に、多くの法務担当者は歯ぎしりするような思いを抱いていたものです。
　当時、筆者が上司に言われ、今も心に残っている言葉があります。
「法務担当者は芸者だ」
　芸者はよい芸を見せなければ、次にお座敷に呼ばれることはない。法務担当者もよい仕事をとるためには、どんなに小さな案件であっても全力で仕上げなければならない——このような心意気を持つ上司や先輩から、当時の若い法務担当者は、徒弟制度的なOJTの中で法務のイロハを学んでいったのです。

　このようなOJTの重要性は、もちろん今もまったく変わりありません。しかし、法務部の重要性が企業社会に広く認知されるに至った現在、法務部の仕事量は増大し、その中身も高度化しています。そのため、入社したばかりの新人法務担当者の早期育成（一刻も早くアウトプットを出せる人間に育て上げること）が強く求められている、という現状があります。もはや、昔ながらのOJTだけでは、そのようなニーズに応えることが難しいのです。そのため本書は、法務部のOJTの補助ツールとしても活用できる内容とすることを心がけました。
　また、企業の中で法務関連の業務をたった一人で担当し、自己流で業務に対処されてきた方々の中には、「自分の仕事は、本当にこれで間違いないのだろうか？」と不安を感じている方もいらっしゃるのではないでしょうか。そのような、いわゆる"一人法務"のみなさんにとっても、本書が1つの参考となれば幸いです。

2013年1月
瀧川英雄

本書の構成

　本書は、日々の企業法務の業務を一般化し、実務に即して理解を深めていただくため、3つのステップに分けて構成しています。

　第1部「**企業法務担当者の心構え**」では、法務担当者に求められる**心構え**の他、近年の企業法務を取り巻く劇的な環境の変化と、企業活動の中で法務担当者が担う役割を、実務的な論点に沿って紹介しています。

　第2部「**企業法務遂行スキル**」は、法務部が担当する業務にしかるべきアウトプットを出すための**スキル**を身につける、「トレーニング」のパートです。まずは、法務の業務プロセスをビジュアライズし、業務の目的やフローを的確に理解していきます。その上で、依頼者からのヒアリング（第2章）、契約審査業務の実務手順（第3章）、ビジネス文書（文章回答）の書き方（第4章）、リーガルリサーチ（第5章）、ミーティング・マネジメント（第6章）、交渉（第7章）、弁護士の活用（第8章）といったプロセスに分けて整理し、各プロセスに必要なスキルを具体的に解説する内容になっています。

　法務部が扱う案件には、それぞれに特有の「ルール」が存在します。案件を適切に処理するためには、まずルールを理解することが不可欠です。**第3部**「**典型的な法務案件のセオリー**」は、いわば「ゲーム」のパートです。ここではいよいよ、法務案件を処理するための**セオリー**を具体的に解説していきます。契約関連の案件としては、売買契約（第1章）、開発委託契約（第2章）、システム開発契約（第3章）を取り上げています。また、品質クレーム紛争（第4章）、訴訟（第5章）といった紛争処理案件や、株主総会（第6章）への対応方法も紹介しています。さらに、若手法務担当者のスキルアップの観点から、多くの企業が対応に苦慮する新興国への進出をテーマとした国際法務の基礎（第7章）についても、実務的な解説を加えています。

Contents

はじめに 3
本書の構成 5

第1部 企業法務担当者の心構え 15

第1章 仕事を始める前に

1──法務担当者に必要な心構え 16
　(1)頭を使って答を出す／(2)木を見て森も見る／(3)クライアントの一手先を読む

2──法務担当者に求められる資質とスキル 19

3──法務担当者としての成長の方程式 22

第2章 企業法務の時代

1──ビジネスのグローバル化で高まる法務へのニーズ 24
　(1)グローバル化と法務業務への影響／(2)第1段階：アメリカ化／(3)第2段階：新興国の台頭と多極化

2──リーガルリスク・ジャングルの時代 27
　(1)法環境のアメリカ化とリーガルリスク／(2)多極化するリーガルリスク／(3)リーガルリスク・ジャングルの時代

3──プレーヤーかつナビゲーター 29

第3章 企業の中の法務

1──自分が働く会社を知る 31
　(1)商品・サービス／(2)顧客・競合／(3)組織・部門／(4)収益構造

2──会社で働く人を知る 33

3──ビジネスの現場で使える「答」を出す 34
　(1)法務に何を求めているのか／(2)具体的な「答」とは／(3)「答」を出すためには

第2部 企業法務遂行スキル 37

第1章 企業法務の業務プロセス

1 ― 法務業務（個別案件対応）の一般的な流れ 38
(1)相談内容の理解／(2)調査・検討／(3)回答案の作成・アウトプット／(4)クライアントのアクション

2 ― 法務業務遂行における自問自答 40

3 ― ゴールから逆算する仕事の仕方 41
(1)クライアントの目的・目標を逆にたどる／(2)クライアントの目的・目標を明確にする意味／(3)目標・目的の明確化の難しさ／(4)自分のやっている仕事を客観視する

4 ― 参考事例：秘密保持契約 45

第2章 依頼者からのヒアリングから業務の開始まで

1 ― 法務業務のスタートはヒアリングから 47

2 ― 何を聞き出すのか 48
(1)取引内容（発生した問題の内容）／(2)依頼内容

3 ― 聞き出したことをどう使うのか 50

4 ― アウトプットのイメージにつなげる 51

第3章 契約審査業務の実務手順

1 ― 契約書は取引当事者間の法律 54

2 ― 契約審査業務のフロー 56
(1)第1フェーズ：案件の把握とビジュアライズ／(2)第2フェーズ：問題点の抽出と解決／【参考】契約書案への赤ペン入れ作業例／(3)第3フェーズ：契約書の修正／(4)第4フェーズ：依頼者への回答

3 ― 契約書のルール 65
(1)契約書作成時の注意事項／(2)契約書特有の言い回し

第4章 ビジネス文書（文書回答）の書き方

1 ― ビジネス文書の鉄則 72
(1)法務の業務とビジネス文書／(2)【鉄則 ①】読み手に「解読」を強いてはならない／(3)【鉄則 ②】目的に合った文書を作成しなければならない／(4)鉄則を守るための基本精神

2―ビジネス文書の具体的な組み立て 76
(1)ビジネス文書組み立ての考え方／(2)伝えたいことをどのように構成するか／(3)構成したことをどのように表現するのか／(4)読み手の立場に立つ／(5)読みやすく、わかりやすくするための工夫

3―類型別文書作成のポイント 84
(1)法務回答文書／(2)依頼文書／(3)報告書／(4)議事録／(5)法的主張文書

4―法務担当者にとっての文書作成 90

第5章 リーガルリサーチ

1―リーガルリサーチとは 92

2―リーガルリサーチが必要な場面 93

3―リーガルリサーチの方法論 93
(1)リーガルリサーチに使うメディア・情報源／(2)各メディアに共通の方法論／(3)あたりをつける段階／(4)詳細調査

4―他のリーガルリサーチの場面 96
(1)法改正への対応／(2)他社事例の調査

第6章 ミーティング・マネジメント

1―ミーティングの場面 99

2―ミーティングの準備 100
(1)ミーティング参加者としての準備／(2)ミーティング主催者としての準備

3―ミーティング中の心得 106
(1)ミーティングの冒頭／(2)ミーティングで「聞く」心得／(3)ミーティングで「話す」心得／(4)ミーティングの締め

4―ミーティングのバリエーション 109
(1)アイディア出し(ブレインストーミング)／(2)電話会議／(3)弁護士など社外の人も交えた会議／(4)上司と一緒に出席する場合

第7章 交 渉

1―交渉概論 112
(1)交渉とは／(2) BATNA とは／(3)交渉の基本スタンス

2―協調型交渉―4つのステップ 115
(1)問題を特定する／(2)問題を十分に理解する／(3)解決の選択肢を設定する／(4)解決案を評価・選択する

3━対立型交渉 121
　(1)対立型交渉とは／(2)対立型交渉の基本スタンス／(3)3つの戦略／(4)2つのキーポイント

4━契約交渉 125
　(1)契約交渉とは／(2)契約交渉の特徴／(3)契約交渉の準備／(4)契約交渉における戦術／(5)契約交渉の具体的スタイル／(6)契約交渉（ミーティング）の締め

第8章 弁護士の活用

1━法律事務所を知る 134
　(1)企業法務に関連する外部専門家／(2)法律事務所の組織／(3)弁護士の報酬体系／(4)最近の日本の弁護士事情

2━弁護士を活用する 138
　(1) Why：なぜ弁護士に相談するのか／(2) Who：どの弁護士に依頼するか／(3) What：何を依頼するのか／(4) How：どのように相談するか／(5)外国の弁護士の活用

3━企業法務と弁護士 145
　(1)企業法務の役割／(2)弁護士をうまく活用するには

第3部 典型的な法務案件のセオリー 149

第1章 売買契約

1━売買契約とは 150
　(1)契約とは何か／(2)なぜ契約書を締結するのか／(3)売買契約書の基本的な構成／(4)売買契約というゲーム

2━代理店契約 154
　(1)メーカーから見れば／(2)代理店から見れば／(3)代理店政策：クローズvsオープン

3━OEM売買契約 159
　(1)典型的なOEM取引の特徴／(2)相手方ブランドでの供給／(3)カスタマイズとコスト負担／(4)「まとまった数量の取引」に付帯する取引条件／(5)商品の安定供給の確保

4━取引基本契約 161
　(1)取引基本契約書が締結される場面／(2)取引基本契約書の特徴／(3)買い手の意図・目的／(4)売り手から見た取引基本契約

5―価格を巡る交渉と契約条項 168

6―取引リスクのアロケーション 169

第2章 開発委託契約

1―開発委託契約とは 172

2―開発委託契約というゲーム 172
   (1)委託者の立場／(2)受託者の立場／(3)両者の立場から読み取れること

3―対価と横展開のトレードオフ 174

4―開発遅延・不能リスクへの対応 176

第3章 システム開発契約

1―システム開発契約とは 180

2―業務用システム開発契約というゲーム 181
   (1)開発プロセス／(2)対象システム／(3)既存システムとの関係／(4)継続使用の必要性

3―システム開発のプロセスと契約 184

4―請負と準委任 186

5―契約上の主な論点 187

第4章 品質クレーム紛争

1―紛争解決のフレームワーク 192

2―品質クレーム紛争とは 193

3―品質クレーム紛争というゲーム 194
   (1)基本構造／(2)売り手の立場／(3)買い手の立場／(4)ゲームの構図

4―責任論 196
   (1)事実関係の調査／(2)法律論の調査／(3)勝算の評価

5―賠償の範囲・金額 197
   (1)賠償する範囲／(2)賠償金額の算定

6―支払方法・最終合意 199
   (1)支払方法／(2)最終的な合意方法

第5章 訴　訟

1 ─ 話し合い解決か訴訟か 200
2 ─ 民事訴訟というゲーム 201
　　（1）基本構造／（2）損害賠償請求の3要素／（3）ゲームの構図
3 ─ ストーリー作り 203
4 ─ 証拠を見つけて争う 205

第6章 株主総会

1 ─ 株主総会とは 207
2 ─ 株主総会と法務の仕事 208
3 ─ 株主総会というゲーム 210
　　（1）株主総会前日まで／（2）株主総会当日／（3）株主総会終了後
4 ─ 株式会社への規制 213
5 ─ 主な決議事項と5階建て構造 215

第7章 国際法務の基礎（主に新興国進出に関する法務問題）

1 ─ 国際法務というゲーム 222
2 ─ 国際契約の特徴 223
　　（1）国をまたがる取引／（2）言語・文化の違い／（3）国による法律の違い
3 ─ 社員の競合化リスク 226
　　（1）社員の競合化リスクの構図／（2）社員の競合化と法律問題
4 ─ 外資への規制 228
　　（1）法制度・行政システム進化論／（2）外資への規制と優遇のジレンマ
　　（3）外資への規制の形態
5 ─ 贈収賄リスク 232
　　（1）贈収賄の構図／（2）贈収賄への法規制／（3）贈収賄リスクの防止策

　　事項索引 236

図表一覧

図表1	法務担当者に求められる資質	19
図表2	法務担当者に必要なスキルセット	20
図表3	成長の方程式＝「しつこさ」×「スピード」×「学習能力」	22
図表4-1	グローバル化と法務業務への影響（2007年時点）	25
図表4-2	グローバル化と法務業務への影響（2013年時点）	26
図表5-1	法務業務（個別案件）の一般的な流れ	39
図表5-2	法務業務の実務の中での自問自答	41
図表5-3	ゴールを明確にして仕事をする	42
図表6	自分のやっている仕事を客観視する	44
図表7	事業法務のインプットから業務開始まで	51
図表8	契約書レビューの全体プロセス	55
図表9-1	第1フェーズ：案件の把握とビジュアライズ	56
図表9-2	第2フェーズ：問題点の抽出と解決	58
図表9-3	第3フェーズ：契約書の修正	62
図表9-4	第4フェーズ：依頼者への回答	64
図表10	契約書作成・審査のチェックリスト	71
図表11	ビジネス文書の組み立て	76
図表12-1	伝えたいことをどのように構成するか	77
図表12-2	結論が先か根拠が先か	79
図表13	ミーティング直前の確認事項	102
図表14	ミーティングの準備（主催者の場合）	103
図表15	ミーティングの物理的準備—ルームレイアウト	105
図表16	当初の基本スタンスの選定	114
図表17	家の売買	121
図表18	契約交渉の準備①	127
図表19	契約交渉の準備②	129
図表20	契約とは何か	150
図表21	なぜ契約書を締結するのか	151
図表22	売買契約書の基本的な構成	153
図表23	代理店政策—2つのモデルと特徴	158
図表24	取引基本契約の背景—買い手の意図	162
図表25	売り手から見た取引基本契約①	163

図表26	売り手から見た取引基本契約②	164
図表27	売り手にとっての取引基本契約書対応のセオリー	166
図表28	売買契約におけるリスクとリターン	171
図表29	開発委託契約というゲーム	173
図表30	対価と横展開のトレードオフ	175
図表31	開発遅延・不能リスクへの対応	176
図表32	ハードウェアとソフトウェア	180
図表33	システム開発関連契約の複雑性	182
図表34	システム開発のプロセスと契約	185
図表35	契約類型―請負と準委任	186
図表36	紛争解決の基本フレームワーク	192
図表37	「品質クレーム紛争」というゲーム	194
図表38	責任論（主に売り手の観点から）	196
図表39	「民事訴訟」というゲーム	202
図表40	株式会社へのルールと規制の5階建て構造	213
図表41	剰余金の配当と5階建て構造	216
図表42	取締役選任と5階建て構造	217
図表43	監査役選任と5階建て構造	219
図表44	ストックオプション（新株予約権）と5階建て構造	220
図表45	国際ビジネスと法務	223
図表46	社員の競合化リスクの構図	227
図表47	法制度・行政システム進化論（2013年時点）	229
図表48	外資への規制と優遇のジレンマ	230
図表49	贈収賄の構図	232

第1部
企業法務担当者の心構え

- ☑ 第1部では、第2部、第3部で紹介する具体的な「スキル」や「セオリー」を身につけるための前提として、法務担当者として知っておきたい基礎の基礎について解説する。
- ☑ 法務担当者として仕事を始める前に、まず必要となる一般的な心構え、資質とスキルについて理解しておこう。また法務担当者として成長するための「成長の方程式」も押さえておきたい。
- ☑ 企業法務を取り巻く状況は急激に変化している。リーガルリスク・マネジメントの観点から、企業のグローバル化の中で法務担当者に求められている役割を十分に理解しておくことが不可欠だ。
- ☑ 社内の各事業部から法務部に持ち込まれる多種多様な依頼内容に対して、適切な「答」を出すためには、自社について十分に知っておくことが大前提である。

第1章 仕事を始める前に

　企業の営業業務を担う営業マンに、営業マンの心得や業務への適正、自社製品を顧客に売り込む営業力などが求められるのと同様に、企業の法的問題への対応を任される法務担当者にも、この業務に特有の心構えや資質・スキルが求められる。では、それらは一体どのようなものか。自身のステップアップのために、法務担当者は日々、どのようなことを意識しながら業務に取り組んでいけばよいのだろうか。

1 | 法務担当者に必要な心構え

① 頭を使って答を出す
② 木を見て森も見る
③ クライアントの一手先を読む

（1）頭を使って答を出す

　法務担当者には3つの心構えが求められる。
　まず1つ目は、「頭を使って答を出す」ということだ。
　企業の法務部が扱う問題に初めから正解があることはまれである（また、たとえ正解があったとしても、それが1つとは限らない）。大学を卒業し、社会人になってすぐに法務部に配属されたという法務担当者の中には、学校のテストのように「必ずどこかに正解があり、それを探して答えればいい」と考えている人がいるかもしれない。しかし、法務の業務における答とは、自分で頭をひねり、知恵を絞って作り出さなければならないものである。
　では、答を出すためには、どのような頭の使い方が必要なのだろうか。
　手がかりは、2つの「そうぞうりょく」だ。
　第一は「想像力」である。例えば、自社の製品に不具合が見つかり、法務としての対応を迫られるケースでは、「これから、どこで、どんな問題が発

生するのか」、「最悪の場合、どんな事態に発展しうるか」といったように、あらゆる可能性を想定し、関連部門や経営層に向けて必要な法的対応を提示することになる。

　同じく、契約交渉の場面でも、「自社にとって最も重要なことは何か」、「○○をしたら相手はどう出てくるだろうか」というように、想像力を駆使し、よりよい契約を実現することが求められるのである。

　とはいえ、机の上でやみくもに想像をめぐらせているだけでは、ニーズとかけ離れた答になるおそれがある。そこで有効なのが、「現場」に足を運んでみることだ。各部門の業務の特徴を把握し、現場で働く人々の業務の進め方や考え方などを知ることは、法務担当者としての「想像力」を高めるためにも、非常に有意義である。

　第二は「創造力」である。これは、問題解決の方法を示す上で、「○○というやり方もあれば、△△という方法もあります」、「解決方法としてA案、B案、C案と3つの案を考えてみました」などと、複数のアイディアを提案できる能力である。

　例えば、取引における契約で、自社に有利な合意を実現するために契約書に修正を加えるような場合には、複数の条項案や代案を考え出し、選択肢を提供するための創造力が必要となる。創造力を発揮することは、法務の仕事の最もクリエイティブな部分であり、醍醐味でもある。ぜひ、その作業を楽しんでもらいたい。

(2) 木を見て森も見る

　法務担当者に求められる2つ目の心構えは「木を見て森も見る」ことである。

　法務の仕事は、契約書を細部まで読み込んで取引における法的問題を探り、関連する法令や判例を詳細に調べるといったように、実に細かな作業が多い。日々、このような業務に追われていると、ある程度経験を積んだ法務担当者でさえ、しばしば「木を見て森を見ず」という状態になりがちだ。

　もちろん、「木を見る」ことは大切な作業である。法務担当者である以上、契約書の文章の「てにをは」をしっかり整えること、条項間の整合をとるこ

と、あるいはメールのやりとりから訴訟に有効な証拠を見つけ出す、といった、いわば「木の枝を整える」ことは必須の作業だ。それができない者に、法務の仕事を任せることはできない。

その上でさらに、「森も見る」ことが必要となるのである。例えば、「契約交渉でもめているこの取引は、会社の事業にとってどのくらい重要なのか」、あるいは「その顧客はどれぐらい重要なのか」を考えてみる——場合によっては交渉に長い時間をかけるよりも、取引をしない、または契約書なしで取引する方が会社にとって利益となるケースがあるかもしれないし、取引金額が比較的小さな案件であれば、現場の裁量に委ねるという選択肢もありうるだろう。また、今回の案件への答が他の案件にどの程度、波及的な影響をもたらすのかを考えなければならないこともある。

さらに、法務担当者はそれぞれ、常に並行して複数の仕事を処理しているので、他の案件とのバランスを念頭に置き、持ち込まれたその案件に自分の時間とリソースをどの程度費やすことができるのか、案件の重要度や緊急度を考慮しながら、そのときどきの状況に応じた判断をする必要がある。

むやみに木の枝を整えることばかりに腐心していては、会社にとって本当に大切な仕事がおろそかになってしまう。そのような事態を避けるためにも、「木を見て森も見る」、2つの視点が欠かせないのである。

(3) クライアントの一手先を読む

法務担当者に必要な3つ目の心構えは、「クライアントの一手先を読む」ことである。

多くの案件では、社内の他部門が依頼者（クライアント）となる。クライアントからの依頼を受けたときには、法務に何を求めているのか、あるいは法務からの回答・アウトプットをどのように使おうとしているのかを考えなければならない。

「法務にちょっと聞いてきてくれ」と上司に命じられた人事部門の若手社員が疑問点を確認に来たという場合もあれば、重要な取引先との交渉を翌日に控えた事業部門の責任者が一定レベルの回答を求めているという場合もある

だろう。クライアントそれぞれの立場や、その先の動きによって、出すべきアウトプットの形は異なってくる。彼らの立場や動きを先回りして読むことで、よりクライアントの要望に沿った答を出すことができるようになるのである。

2 | 法務担当者に求められる資質とスキル

次に、法務担当者に求められる資質やスキルとは何かを考えてみよう。

必要なのは、法律知識だろうか？ では、毎日法律書を読み続ければ業務のスキルが身につくのか？ いや、どうもそれだけで仕事ができるようになるとは思えない。

では、必要なのは経験か。ならば、「3年やれば誰でも一人前になれるのか……」と周囲を見回してみれば、3年で大きく能力が向上したという者がいる一方、伸び悩んでいるスタッフもいるようだ。その差はいったいどこからくるのだろうか。

試みに、一般的によく言われる法務担当者に求められる資質を［図表1］にまとめてみた。これを一読した読者の多くは、「これらすべてを身につけなければならないのか？」と頭を抱えてしまうかもしれない。しかし、本当

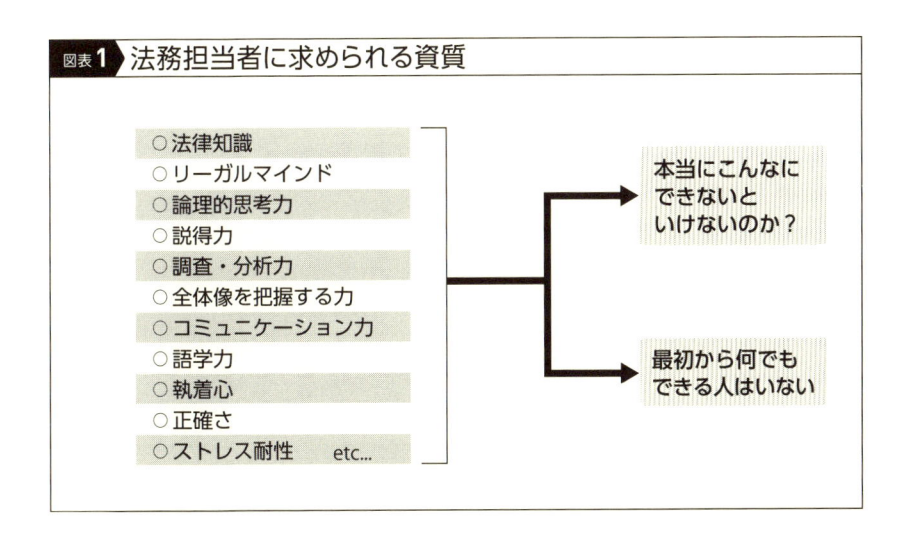

図表1　法務担当者に求められる資質

- 法律知識
- リーガルマインド
- 論理的思考力
- 説得力
- 調査・分析力
- 全体像を把握する力
- コミュニケーション力
- 語学力
- 執着心
- 正確さ
- ストレス耐性　etc...

→ 本当にこんなにできないといけないのか？

→ 最初から何でもできる人はいない

にこれほど多様な能力を身につける必要があるのだろうか。あるいは、これらのスキルを合理的な方法で身につけることはできないものだろうか。

そこで、法務担当者に必要とされるスキルを分解し、パソコンにたとえて表したのが［図表2］である。大きく、①入力（インプット）系スキル、②出力（アウトプット）系スキル、③外部インターフェース系スキル、④CPU系スキルの4つに分けてみた。

①入力（インプット）系スキルとは、クライアントから必要な情報を引き出すヒアリング能力など、仕事を行うためにその中身を理解するためのスキルである。契約や法律文書を読解する力なども、この入力系スキルに該当する。この能力は、大学の法学部出身のスタッフであれば、すでに身につけているかもしれない。また、法的な事柄を調べるリーガルリサーチもここに含まれる。

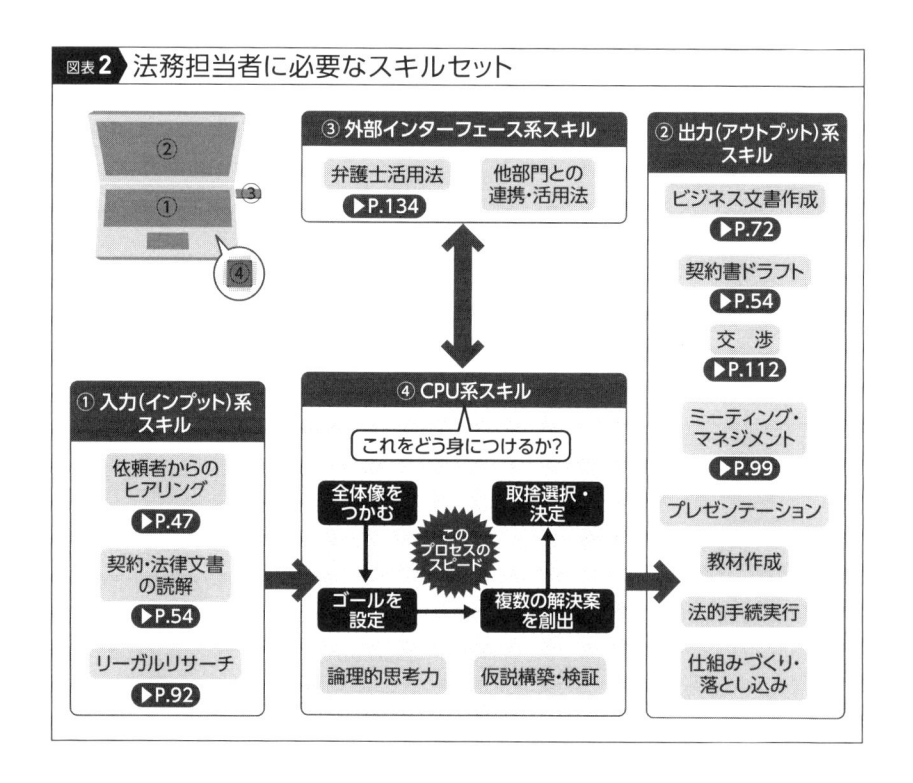

図表2 法務担当者に必要なスキルセット

③ 外部インターフェース系スキル
- 弁護士活用法 ▶P.134
- 他部門との連携・活用法

② 出力（アウトプット）系スキル
- ビジネス文書作成 ▶P.72
- 契約書ドラフト ▶P.54
- 交渉 ▶P.112
- ミーティング・マネジメント ▶P.99
- プレゼンテーション
- 教材作成
- 法的手続実行
- 仕組みづくり・落とし込み

① 入力（インプット）系スキル
- 依頼者からのヒアリング ▶P.47
- 契約・法律文書の読解 ▶P.54
- リーガルリサーチ ▶P.92

④ CPU系スキル
これをどう身につけるか？
- 全体像をつかむ
- 取捨選択・決定
- ゴールを設定
- 複数の解決案を創出
- 論理的思考力
- 仮説構築・検証

このプロセスのスピード

②出力（アウトプット）系スキルは多様な形で出てくる。例えば、依頼者に対してアドバイスをするなどの目的でビジネス文書を作成することもその1つである。契約書の作成や契約交渉、社内外のミーティングをまとめるミーティング・マネジメント、法務研修の教材作成とプレゼンテーション、登記等を含めた法的手続の実行、コンプライアンス等の仕組みを社内に構築していく作業などもこのスキルに含まれる。

　③外部インターフェース系スキルは、弁護士を上手に活用したり、あるいは他部門とスムーズに連携し、案件にあたるためのスキルである。

　④CPU系スキルは、依頼案件や問題の全体像をつかみ、ゴールを設定し、それに対して前述した創造力を使って複数の解決案を創出し、依頼部門による取捨選択をサポートするという形で現れる。このスキルは分解して身につけるのが難しく、これら一連の作業を頭の中のCPUで統御して処理していくというイメージである。このプロセスのスピードが速いと、「CPUのクロックがいい」、「性能がいい」ということになる。そのベースとしては論理的思考力や、仮説を立て「これでよいだろうか」と自問自答しながら検証していく仮説構築・検証能力が必要となるだろう。

　本書では、これらのスキルのうち代表的なものを、第2部において「企業法務遂行スキル」として紹介している。

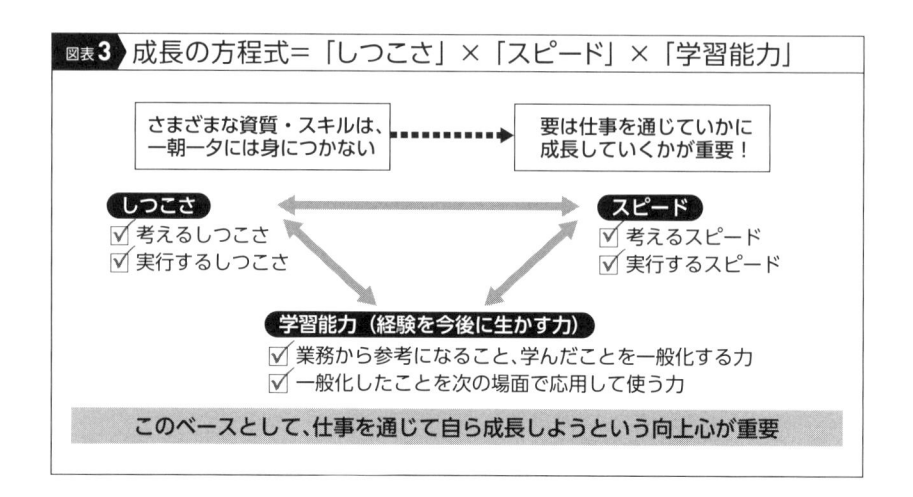

図表3　成長の方程式＝「しつこさ」×「スピード」×「学習能力」

さまざまな資質・スキルは、一朝一夕には身につかない　→　要は仕事を通じていかに成長していくかが重要！

しつこさ
- ☑ 考えるしつこさ
- ☑ 実行するしつこさ

スピード
- ☑ 考えるスピード
- ☑ 実行するスピード

学習能力（経験を今後に生かす力）
- ☑ 業務から参考になること、学んだことを一般化する力
- ☑ 一般化したことを次の場面で応用して使う力

このベースとして、仕事を通じて自ら成長しようという向上心が重要

3 ｜ 法務担当者としての成長の方程式

　以上に述べたような法務担当者に求められる資質・スキルは一朝一夕に身につくものではなく、仕事をしながら、経験の積み重ねの中で習得していくものである。したがって、法務に必要な資質・スキルを身につけるためには、いかに仕事を通じて学び、成長していくかが重要となる。

　そして、この成長の度合いは、「しつこさ」、「スピード」、「学習能力」の3つの要素、すなわち［図表3］のような「成長の方程式」によって左右されることになる。

　「しつこさ」とは、ねちっこく考えて、かつ粘り強く実行することである。仕事に対して淡泊で「まあ、このへんでいいだろう」という姿勢の人はなかなか成長しないだろう。とはいえ、細かなことにしつこくこだわりすぎて、いつまでたっても仕事が終わらないようでは困る。やはり、仕事には「スピード」も必要だ。スピードには「考えるスピード」と、契約書の作成や取引相手との交渉の際などに求められる「実行するスピード」の2つがある。スピードが速い人は結果的にたくさんの仕事をこなすことができるので、より多くの経験を積むことができる。

　さらに、成長の方程式の要素として、「学習能力」、すなわち経験を今後に

生かす力が必要となる。例えば、仕事をしていれば、「なるほどこの仕事は、ここが肝だったのか」、「ここはこういう構造になっているのか」などと、実際に仕事をしたことで初めてわかったこと、学んだことが出てくるはずだ。

それを「一般化」(理論化) した形で自分の経験の引き出しに入れておき、次の場面でそれを応用して使う力が求められるのである。自らの業務を一般化できなければ、それは、いくら経験を積んでもざるで水をすくうに等しい。経験は十分に身につかず、効率的な成長にはつながらないだろう。この学習能力を身につけているか否かによって、各人の法務のスキルには大きな差がつくことになる。

本書の第3部で解説する「典型的な法務案件のセオリー」は、これまで筆者が経験してきた数多くの法務案件を通じて学んだ「ゲームのルール」を一般化したものである。それを読んでもらうことで、「なるほど、一般化とはこういうことなのか」というヒントを得てもらえたらと願っている。

第2章 企業法務の時代

　ビジネスのグローバル化の中で、日本企業を取り巻く環境は激しく変化している。企業が直面するリーガルリスクはこれまでになく複雑なものとなっており、その対応を誤れば企業経営に深刻な影響がもたらされかねない。企業が、いわゆる「リーガルリスク・ジャングル」の中で生き抜くために、法務担当者の役割はこれまでになく重要性を増している。

1 | ビジネスのグローバル化で高まる法務へのニーズ

(1) グローバル化と法務業務への影響

　企業法務の重要性が叫ばれて久しいが、ことに21世紀に入ってからは、ビジネスのグローバル化にともない、法務に対するニーズがますます高まっている。

　旧ソ連ブロックの崩壊や、インターネット・ITの普及で、国境の壁はかつてに比べて非常に低くなってきた。このような状況を背景に、世界は急速にボーダーレス化し、フラット化してきた。

　そのような中で、企業にとっては市場（顧客）あるいは生産拠点、仕入先、競合会社も、すべてグローバル化し、今までのように日本国内で日本企業だけを相手に戦っていればよいという状況ではなくなってきた。

(2) 第1段階：アメリカ化

　この21世紀のグローバル化にも2つの段階がある。まず、第1段階はビジネスの世界のアメリカ化である（[**図表4-1**] 参照）。
「グローバル・スタンダード」とはいうものの、そこには勝者のやり方が世界に浸透した結果という面がある。21世紀初頭の勝者はアメリカだった。そこで、ビジネスのアメリカ化が進み、アメリカのやり方がグローバル・スタンダードであると言われるようになった。また、法律に関連する業務分野

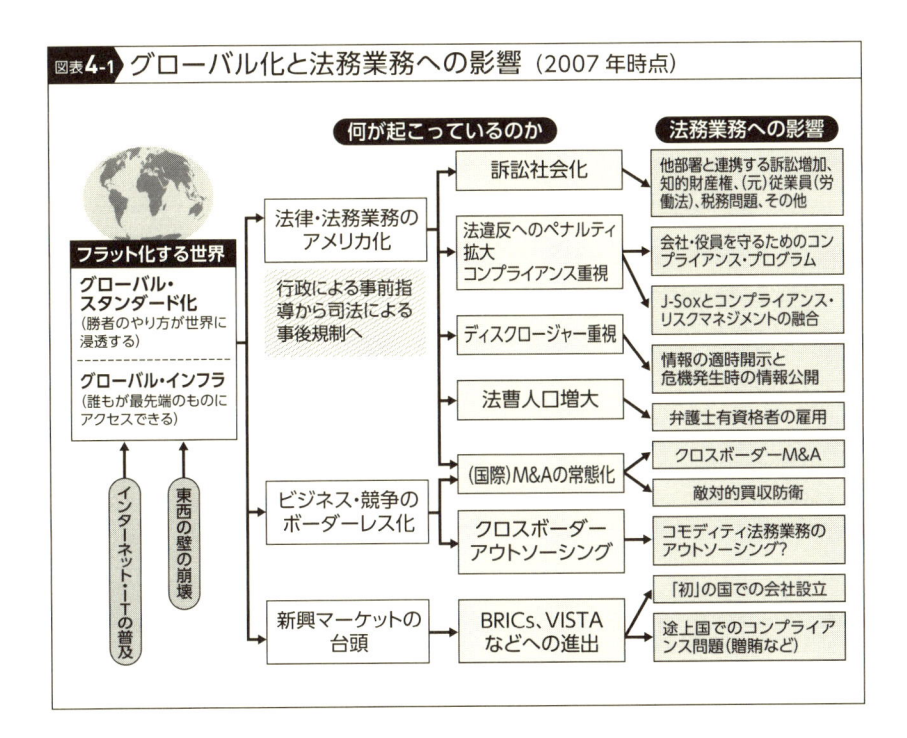

図表4-1 グローバル化と法務業務への影響（2007年時点）

フラット化する世界
- グローバル・スタンダード化（勝者のやり方が世界に浸透する）
- グローバル・インフラ（誰もが最先端のものにアクセスできる）

←インターネット・ITの普及
←東西の壁の崩壊

何が起こっているのか

法律・法務業務のアメリカ化
行政による事前指導から司法による事後規制へ
- 訴訟社会化
- 法違反へのペナルティ拡大 コンプライアンス重視
- ディスクロージャー重視
- 法曹人口増大

ビジネス・競争のボーダーレス化
- （国際）M&Aの常態化
- クロスボーダーアウトソーシング

新興マーケットの台頭
- BRICs、VISTAなどへの進出

法務業務への影響
- 他部署と連携する訴訟増加、知的財産権、(元)従業員(労働法)、税務問題、その他
- 会社・役員を守るためのコンプライアンス・プログラム
- J-Soxとコンプライアンス・リスクマネジメントの融合
- 情報の適時開示と危機発生時の情報公開
- 弁護士有資格者の雇用
- クロスボーダーM&A
- 敵対的買収防衛
- コモディティ法務業務のアウトソーシング？
- 「初」の国での会社設立
- 途上国でのコンプライアンス問題（贈賄など）

において、アメリカ化はとりわけ顕著に進行した。

　その具体的な表れとして、まずは訴訟の増加を指摘できる。日本においても、緩やかだが確実に訴訟の件数は増えており、かつてはあまりなかったことだが、大企業同士が訴訟をすることをためらわなくなっている。

　また、法違反へのペナルティの強化とそれにともなうコンプライアンス重視の風潮が強まっていること、株主・投資家に対するディスクロージャー（情報開示）の重視もアメリカ化の1つの側面と言えるだろう。

　さらに、わが国の法曹人口の増加もビジネス環境のアメリカ化と無関係ではない。弁護士の数は大幅に増え、一般企業の中にも弁護士資格を持つ人材が次々と参入してきている。

(3) 第2段階：新興国の台頭と多極化

　このように、21世紀初頭のアメリカ的グローバル・スタンダードの大き

図表4-2 グローバル化と法務業務への影響（2013年時点）

フラット化する世界
- グローバル・スタンダード化（勝者のやり方が世界に浸透する）
- グローバル・インフラ（誰もが最先端のものにアクセスできる）

米・欧・日のプレゼンスの相対的低下
- リーマンショック
- ユーロ危機

何が起こっているのか

法律・法務業務のアメリカ化（行政による事前指導から司法による事後規制へ）
- 訴訟社会化
- 法違反へのペナルティ拡大／コンプライアンス重視
- ディスクロージャー重視
- 法曹人口増大

ビジネス・競争のボーダーレス化
- （国際）M&Aの常態化
- 調達・販売ルートの多様化

新興国が主戦場に
- 新興国への進出といっそうの現地化

法務業務への影響
- 訴訟件数は増加したが、激増には至らず
- コンプライアンス業務定着
- J-Soxの定着・効率化
- 金融商品取引法・東証規則などでの情報開示強化
- 弁護士有資格者雇用増加
- クロスボーダーM&A
- 買収防衛策ブーム終焉
- 現地調達契約・現地生産
- 海外子会社での法務案件の増加
- 途上国特有の法務問題（外資規制・贈賄など）
- 法律事務所のアジア進出

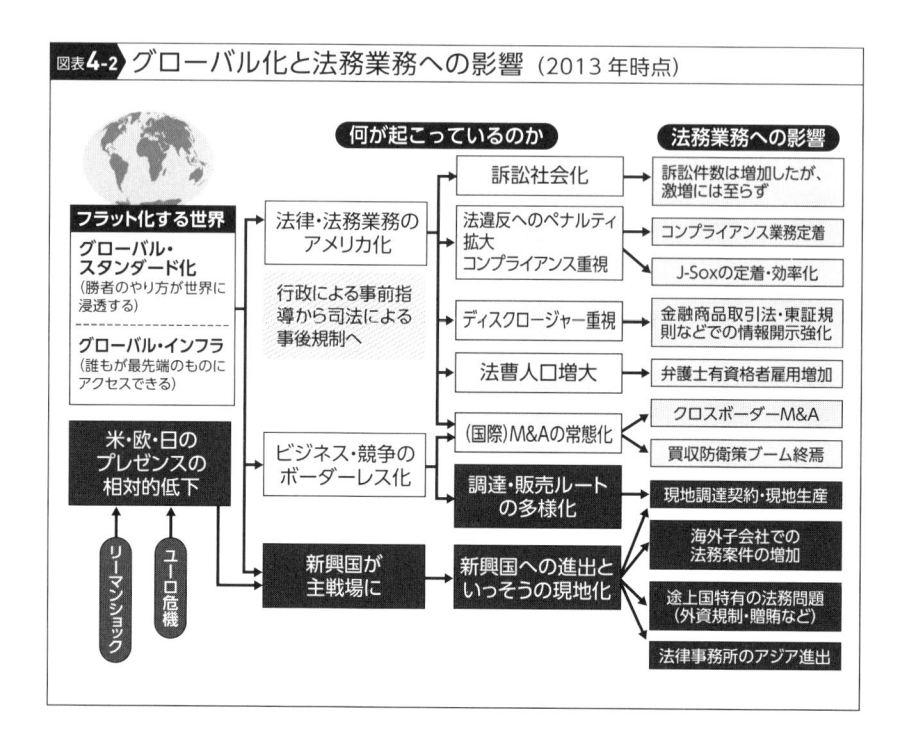

な波に、法務の仕事も否応なく巻き込まれてきた。ところが、2008年のリーマンショックをきっかけに、アメリカの地位に陰りが見え始めた。さらに近時のユーロ危機により、アメリカとともにグローバル・スタンダードの普及を牽引してきたヨーロッパの影響力もまた、低下してきている（[図表4-2]参照）。

そしてある日、景色は大きく変わっていたのである。気がつけば中国や台湾、インド、あるいは韓国の企業が台頭し、日本企業は、これまでの競合相手だった欧米企業だけでなく、成長著しいこれらアジア諸国の企業とも争わなければならない状況となっていた。

そのうえ、こうした新興国は、かつてのような生産拠点としてだけではなく、マーケットとしても非常に魅力的になってきている。その結果、日本企業がこれら新興国に進出し、さらなる現地化を進めていく中で、新たなライバルとの競争や、途上国独特のコンプライアンス問題など、新しい法務ニー

ズも生まれている。それに応えるべく、日本の大手法律事務所も近年、積極的にアジアへのシフトを進めており、中国やインド、ベトナムなどに現地事務所を置く例も増えている。

2 | リーガルリスク・ジャングルの時代

(1) 法環境のアメリカ化とリーガルリスク

このようなグローバル化にともなって、リーガルリスク（法的リスク）はかつてなく複雑なものになってきた。具体的な中身を見ていこう。

まず1つ目は、法環境のアメリカ化にともなうリーガルリスクである。2011年に発覚したオリンパス事件では、老舗光学メーカーのオリンパスによるM&Aを使った損失の隠ぺいが社会問題化して株価の暴落を引き起こし、その結果、株主代表訴訟が起こされ、救済を得るために提携先を探すという事態にまで陥った。この事件が象徴するように、コンプライアンス重視、ディスクロージャー重視といったアメリカ化の波は、もはや無視できない要件となっている。それが不完全な企業はガバナンス不全とみなされ、世界中のステークホルダーに容赦なく叩かれる時代になったのである。

また、自動車の車内に配線するワイヤーハーネスの販売をめぐり、日本の名だたる電線メーカーが談合を繰り返していたとして独占禁止法違反に問われ、それらのメーカーに多額の罰金、課徴金が課されるという事件も起こっている。この事件で特徴的なのは、このカルテル案件について、日本、アメリカ、EU、カナダ、オーストラリア、それぞれの独禁当局が一斉に調査をして、各国で多額の罰金や課徴金を課そうとしたことだ。このケースは、法に違反した企業に対して、文字通りグローバルかつボーダーレスに、摘発・取締りがなされていることが示された1つの事例と言える。

このように世界的な非難や摘発を受ける例ばかりではなく、逆に日本企業が国際的な舞台で「攻める側」に立つ事例も出てきている。例えば、シャープとサムスンの間で繰り広げられた液晶パネルと液晶モジュールの特許をめぐる争いでは、シャープがサムスンを相手に輸入差止めを求めて、アメリカ

で訴訟を提起した。和解決着はしたものの、日韓を代表するメーカー同士がアメリカで会社の死命をかけて訴訟をする――そのような時代の訪れを印象付けた。

(2) 多極化するリーガルリスク

2つ目は、前述した新興国の台頭と多極化によって生じたリーガルリスクである。

例えば、日本企業が中国に進出して事業を始めると、必ずといっていいほど自社製品の模倣品が出回り、困った事態に直面することになる。新興国における模倣品対策は、今や企業の業績の浮沈のカギを握る重大な法務問題と言える。

また、途上国では外資が規制される一方で、優遇策も存在するという状態が続いている。途上国は、外貨の獲得や技術導入、雇用機会の確保などのために外国企業を誘致する一方で、競争力の弱い自国産業を保護するために外資を規制しているのである。このような状況の中で、途上国へ進出する際には、当該国にどのような規制があり、どのような優遇策を活用できるかを把握し、理解しておくことが、企業の海外戦略にとって不可欠となっている。

そこにはまた、検討すべき法的問題も数多く含まれている。例えば、「進出を考えている事業は外資が単独で行えるのか」、「それが無理でも合弁であれば可能か」、あるいは「取締役は現地に国籍を持つ人物でなければならないのか」というような項目に関して、現地の法令などをチェックした上で、実現可能な進出の方法を考えていかなければならない。

さらに、途上国のリーガルリスクに関して言えば、贈収賄リスクにも要注意である。不正な利益を得るために積極的にこちらから賄賂を渡すのは論外だが、途上国では腐敗した役人が自らの裁量権や法律のグレーエリアを利用して金銭などを要求してくることが少なくない。それに応じてしまえば贈賄罪に問われるおそれがある。

また、途上国では、紛争解決手段として、裁判を使いにくい場合もある。国によっては裁判官でさえ腐敗し、裁判が公正に運営される保証はないかも

しれない。あるいは、裁判が終わるまでに10年以上かかるような国もある。途上国では、裁判が実効的な解決手段になりえない場合があることは、意識しておく必要がある。

(3) リーガルリスク・ジャングルの時代

このように、今や日本企業は、アメリカ的な厳格なリーガルリスクと、途上国の曖昧なリーガルリスクの両方を相手にしなければならなくなった。

とりわけ、途上国に進出した場合には、複雑に絡まったリーガルリスクに直面し、あたかも熱帯雨林の広がるジャングルの中で仕事をしているような感覚に襲われるかもしれない。

だが、その中で法務担当者は、待ち受ける落とし穴を避けながら、進むべき方向を指し示していかなければならない。次項で述べるように、このような「リーガルリスク・ジャングル」の中の自社を安全に導くナビゲーターとなることが、法務担当者には求められているのである。

3 | プレーヤーかつナビゲーター

リーガルリスク・ジャングルの中で、法務担当者は、まず目の前の問題を片付けていかなければならない。生い茂る草木を切り分けて一歩ずつ歩みを進めて行くように、法務担当者には個々の戦いを戦う「プレーヤー」としての役割がある。プレーヤーとして戦い、勝利するためには、何よりもまず「ゲームのルール」を知る必要がある。

例えば、訴訟であれば、訴訟手続の進み方や、提出できる証拠の種類などに関するルールを知っておくべきである。そのようなルールを前提として、会社の主張を裁判官に認めさせるためにはどのような証拠を集め提出すべきかを検討する必要がある。あるタイミングで相手側が和解を提案してくると予想しているなら、事前にどのような条件なら和解できるのかというオプションを用意しておかなければならないだろう。もし、何の準備もないままに訴訟を進めてしまえば、いわばすべてが「出たとこ勝負」となり、勝てた

はずの訴訟に負けてしまうおそれもある。そのような事態に陥らないためにも、ゲームのルールを知ることは必須である。

さらにもう1つ、法務担当者は、ジャングルの中で「そちらは危ないですよ、こちらに行きましょう」と進むべき道を示す「ナビゲーター」の役割も果たさなければならない。

そのためには、個々の目の前の戦いだけではなく、自社が属する業界や社会の動き、自社の事業に関連する法律の動向などにも目を配っておきたい。5年後、10年後の自社の姿を見通して、法務として打つべき手や、そのとき求められるであろう法的回答について、常日ごろから考えをめぐらせておくことが、法務担当者としての自らの価値を高めるためにも重要である。

そのためには、次章で述べるように自分が働く会社を十分に知っておく必要がある。

第3章 企業の中の法務

　法務部も企業の中の一組織である以上、自社のビジネス内容や組織の特徴、人材の構成などを十分に知っておく必要がある。さもなければ、クライアントにとって法務への依頼は、外部の弁護士に丸投げすることと変わらない。言い換えれば、どんな弁護士よりも深く自社を理解しているということにこそ、法務の存在意義があるのである。

1 自分が働く会社を知る

(1) 商品・サービス

　自動車、電機機器、食品、化学品、医薬品……。取り扱う商品に応じて、法律問題の出どころや内容は異なってくる。まずは、自社がどんな商品やサービスを売っているかを熟知しておきたい。例えば、自動車であれば、ひとたび欠陥が見つかれば即、大事につながりかねないので、製造物責任法（PL法）への注意を怠ってはならない。

　電機機器についてはさらにさまざまな分野があるが、あえて一例を挙げれば、前述のシャープ対サムスンの例のように、特許をめぐる紛争が起こりやすいという特徴がある。

　また、食品や医薬品であれば、食品安全基本法や薬事法をはじめとする、各業法を十分に意識しておく必要がある。

　化学品の場合は、電機機器と同様に特許やノウハウが重要になる他、廃棄物や廃水処理など環境関連法にも配慮する必要があるだろう。

　さらに、ソフトウェアのように形の見えにくい商品については、以上に挙げた商品とは違った種類の注意が求められる。例えば、ハードウェアであれば、商品を引き渡して代金の支払を受ければ、それ以上、特別な契約を結ばなくても、とりたてて大きな問題は生じないだろう。しかし、ソフトウェアの場合は、成果物を引き渡せば終わりというわけにはいかない。所有権を移

すだけでは、ソフトウェアを使用する条件は決まらないためだ。したがって、ライセンス契約や開発委託契約、保守運用契約など1つひとつの契約書の扱いが非常に重要になる。

一方、売っているものがサービスの場合はどうか。仮に、金融業の場合であれば、金融庁の動向を意識したコンプライアンスが重要になるし、コンサルティングであれば、提供するサービスと対価を契約書で明確に決めておく必要があるだろう。また、サービスの場合には、顧客がアドバイスに従った結果、問題が生じたときに、サービスの提供側がどれだけの責任を負うのか、という独特の法律問題があることにも注意しておきたい。

(2) 顧客・競合

顧客や競合が誰なのかを知っておくことも必要だ。

顧客が一般消費者の場合(B to C)、または企業の場合(B to B)、あるいは官公庁である場合によって、やはりそれぞれ法的問題の中身が違ってくる。

例えば、消費者を相手にする場合には、消費者保護や個人情報保護を目的とした法律を意識しておかなければならないだろう。一方、相手が企業であれば、顧客の方が力関係の面で優位に立つ状況がしばしば発生する。そのような相手と、どのような取引契約が結べるのか、あるいは結ばされるのかという問題が出てくる。

また、顧客が官公庁であれば、入札が発生するため、入札談合のような問題が生じる可能性があるだろう。事実、このような事例は昔から後を絶たない。

競合については、特定の競合メーカーなのか、不特定多数なのか、競合が国内にいるのか、または海外にいるのかによって問題が変わってくる。例えば、特定の競合が存在し、なおかつその競合と頻繁にコンタクトしている場合には、前述のワイヤーハーネスのケースのようにカルテル等の問題が生じるおそれがあるので、独占禁止法などに抵触しないように注意する必要がある。

あるいは、自社の商品を模倣してくる競合がいるような場合には、それをやめさせるためにどのような法的手段を採るべきかを検討することになるだろう。

(3) 組織・部門

もちろん、営業、生産（工場）、研究開発といった社内の組織や部門についても知らなければならない。

人の考え方やものの見方は、組織・部門ごとに、それぞれ大きく違う。

例えば、営業部門のスタッフなら、売上のために、多少リスクのある取引でも積極的に進めたいと考えるだろう。このような場合には、しっかりと手綱を締めることも法務担当者の役割となる。一方、生産部門のスタッフはコツコツと改善活動などを行い、研究開発部門のスタッフは将来を見据えた時間のかかる研究活動を進めているかもしれない。このような、組織や部門ごとの考え方や業務特性に応じて、法務担当者のクライアントへの接し方も自ずと変わってくるのである。

(4) 収益構造

自社の収益構造、つまり、自社がどのように儲けているのか、ということもしっかりと理解しておく必要がある。M＆Aでジョイント・ベンチャーを行うような場合には、自社の収益構造の核となる部分を十分に把握しておき、その部分については絶対に譲らないことが重要となるだろう。

あるいは、契約交渉で、顧客から「同じ商品を他社に売らないように」という条件を突きつけられるケースもある。特定の顧客向けのカスタマイズ商品が収益の核となっている場合には、特に問題はないかもしれないが、不特定多数の顧客への販売によって儲けを確保しているのであれば、そのような条件は絶対に受け入れてはならない。

2 会社で働く人を知る

また、会社で働く人を知ることも重要だ。あなたの会社にはどのような部門があり、各部門にどのような人材が在籍しているだろうか。とりわけ、法務に関わりの深い部門や個人を把握しておくことは、法務担当者にとって有意義なことである。

また、あなたの会社にはどれぐらいの数の従業員がいるだろうか。従業員数が多ければ多いほど、労務問題をはじめとする、人をめぐるさまざまな問題が起こりやすい。さらに、従業員の雇用形態によっても、生じる法的問題は変わってくる。全従業員の中で正社員と契約社員、派遣社員の構成等についても、きっちりと把握しておきたい。

3 ビジネスの現場で使える「答」を出す

(1) 法務に何を求めているのか

自分が働く会社に十分に精通したなら、今度は、会社の中における法務の仕事の最も重要なポイントを理解しておこう。

最も重要な法務担当者の仕事とは、簡単に言えば、ビジネスの現場で正しく使える「答」を出してあげることである。社内のクライアントが法務に求めているものが何であるかを理解し、クライアントのアウトプットを予測し、実行可能な複数の解決策を用意することが、法務の最も重要な役割と言える。

また、クライアントには、自社の経営の舵を取る経営層も含まれてくる。彼らが法務に求めるのは、多くの場合、具体的な問題に対する答だけではない。会社の業績を左右する問題への予防策の提示や、経営戦略に関わる法的見地からの提案など、自社の将来を見据えたナビゲーション機能も、現在の法務に期待される業務の1つと言ってよいだろう。

(2) 具体的な「答」とは

とはいえ、まずは具体的な「答」を出せるようになることである。では、具体的な答とは何か。① 訴訟や法的紛争と、② 契約を例に見てみよう。

例えば、① 訴訟や法的紛争について言えば、要は「いかに勝つか」、「いかに自社に有利な形で決着させるか」ということである。

必ずしも訴訟で判決をもらうことがベストとは限らない。勝算は十分だが一番よいタイミングで和解するという選択肢もありうるし、また、勝算に不安がある場合には、不利な判決が下る前に、少しでもましな状態で和解させ

ることがゴールとなることもある。

　このように自社に有利な形で決着させるためには、どのような準備をして、どのような戦術を採るべきかを具体的に考えていく必要がある。例えば、「○○の証拠を何とか探し出し、集めておいて、相手を少し追い込んだ上で、裁判官が○○と言ってくるタイミングで和解を提案しましょう」という提案は、1つの具体的な答となるだろう。

　一方、②契約の場合では、クライアントが望む取引の形をしっかりと理解した上で、自社にとって「有利」かつ「問題が発生しにくい」契約の形を提案することが、具体的な答となる。では、有利な契約とは何か。もちろん契約の金額も大切だが（例えば、売り手の側であれば販売価格が高い方が有利と言える）、法務の立場から見れば、自社のビジネスとの関係において、その契約から生じうるリスクをある程度、把握・理解した上で、そのようなリスクが発生しても自社に不利にならないような定めをしておくことも、この場合の「有利」の意味するところとなるだろう。

　また、契約にはあらかじめ当事者間のルールを定めるという側面があるが、そのルールの中身が曖昧であったり、あまりに複雑で誰にも理解できないようでは、問題が生じたときにさらなるトラブルを招きかねない。そこで、わかりやすく誤解のないようなドラフティングをすることが必要になる。それが、「問題が発生しにくい」という意味である。

(3)「答」を出すためには

　では、以上に述べたような具体的な答を出せる法務担当者となるためにはどうすればいいのだろうか。これに関しては、「企業法務遂行スキル（技術）」と「典型的な案件のセオリー（ゲームのルール）」を身につける必要があると筆者は考えている。

　それではこれから、筆者が企業法務担当者としてのキャリアを通じて身につけたスキルとセオリーを、企業法務の今後を担う読者のみなさんに紹介していきたいと思う。

第2部
企業法務遂行スキル

- ☑ 第2部では、法務担当者が身につけておくべき「企業法務遂行スキル」について解説していく。法務部で扱う仕事の中には、契約書の作成の仕方など、基本的な対処方法が相当程度に確立しているものが多くある。そのようなスキルを習熟することが、クライアントの依頼に適格に応える上で、大きな力となる。
- ☑ 第1章では企業法務の一般的な業務の流れを、第2章では、クライアントからのヒアリングから業務を開始するまでに行うべき具体的な作業などについて確認する。
- ☑ 第3章から第7章までは、法務担当者の典型的な仕事である契約審査業務、ビジネス文書の作成、リーガルリサーチ、ミーティング・マネジメント、交渉について、それぞれのスキルを学ぶ。
- ☑ 法務部では、法務担当者が外部の弁護士とチームを組み作業を行う業務が少なくない。第8章では、弁護士の活用法について具体的に解説していく。

第1章 企業法務の業務プロセス

　本章では、法務業務の全体的なプロセス、ことに個別案件がどのような形で処理されているのかを概観していく。例えば、取引先と秘密保持契約を結ぶことになり、相手方から提示された契約書をチェックするとき、法務担当者であるあなたはどのような準備をし、どのように作業にとりかかるべきだろうか。ここでは、法務業務の一般的な流れを解説し、最後に秘密保持契約への対応を具体的に見ていく。

1 | 法務業務（個別案件対応）の一般的な流れ

(1) 相談内容の理解

　法務業務は、まず、クライアント（社内の依頼者）から持ち込まれた相談の内容を十分に理解することから始まる。

　[図表5-1]は法務業務の一般的な流れを表したものである。法務への依頼はメールなどでなされ、メールには、契約書ドラフトなどの資料が添付されていることが多い。メール、添付資料だけでは読み取れない点については、電話や直接打ち合わせでヒアリングを行う。法務担当者は、これらの関係書類の読み込みや相談者からのヒアリングなどの作業を通して、案件の内容・背景を把握していくことになる。

(2) 調査・検討

　法務業務の最初のステップは、理解した相談内容に基づき、取引や業務に関する法的な問題点や不明点を抽出することである。要は、「何が問題点か」、「何が解決すべき課題なのか」、「調べてみないとわからない点は何か」などをここで特定するのである。

　法務担当者は、前述の作業によって抽出された問題点・不明点について、調査・検討を進めていく。

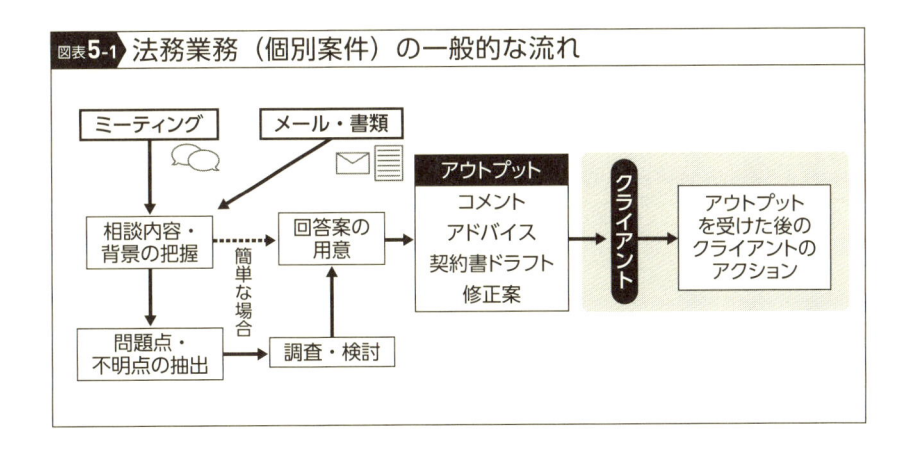

図表5-1 法務業務（個別案件）の一般的な流れ

```
[ミーティング]   [メール・書類]
      ↓              ↓
  ┌─────────┐
  │ 相談内容・ │──────────┐
  │ 背景の把握 │ 簡単な場合 │
  └─────────┘          ↓
      ↓            ┌─────────┐    ┌─────────┐          ┌─────────┐
  ┌─────────┐      │ 回答案の │    │アウトプット│          │アウトプット│
  │ 問題点・ │      │ 用意   │──→│ コメント │  ク       │を受けた後の│
  │ 不明点の抽出│──→└─────────┘    │ アドバイス│  ラ  ──→│ クライアントの│
  └─────────┘         ↑           │契約書ドラフト│ イ       │ アクション │
                   ┌─────────┐    │ 修正案  │  ア       └─────────┘
                   │ 調査・検討│    └─────────┘  ン
                   └─────────┘                 ト
```

なお、調査・検討のフェーズについては、それほど複雑でない案件や、過去に似たような案件を処理した経験がある場合には、不要となるかもしれない。そのようなケースでは、調査・検討の段階を省略して、次に述べる回答案の作成・アウトプットの作業にとりかかることができる。

(3) 回答案の作成・アウトプット

問題点・不明点についての調査・検討を終えた法務担当者は、回答案を作成し、具体的な答をクライアントに示すことになる。

具体的な答のアウトプットの方法は、例えば、人事部門から問題社員の処遇に関する法務相談を受けていた場合であれば、「判例に従えば、懲戒解雇を行う前に、まずは文書や口頭による注意を根気強く行っておくことが重要です。それでも改善が見られないときには、あらためて解雇を検討してみましょう」といった法的アドバイスとなるだろう。契約審査関連の依頼であれば、自社に有利な条項を盛り込んだ契約書のドラフト、あるいは自社の立場に応じた修正案の作成などといった形となるだろう。

(4) クライアントのアクション

法務担当者としては、クライアントに答を返したら「仕事は終わり」と考えてしまうかもしれない。しかし、会社にとっての大事な局面は、むしろこ

こから先に訪れるのである。

　すなわち、クライアントは、法務部のアウトプットに基づき、何らかのアクションを起こす。取引契約を例にすれば、法務担当者が手を入れた契約書の修正案や選択肢を検討し、交渉の方針を固め、相手方との契約交渉に臨むかもしれない。

　このように、クライアントの「次のアクション」を、あらかじめ見通しておくことも法務担当者の仕事の一部である。また、これを繰り返すことで、法務が担当する業務の範囲に留まらず、会社全体、あるいはビジネス全体の流れが把握できるようになるのである。さらに、それが把握できれば、より会社全体にとってよいアウトプットが出せるようになるはずだ。

2 ｜ 法務業務遂行における自問自答

　法務担当者として仕事をしていると、「自分の仕事ぶりはこれでいいのだろうか？」と自問自答するシチュエーションに、幾度となく直面することになるだろう。

　[図表5-2]を見てほしい。依頼案件にあたって問題点・不明点を抽出し調査・検討する場面で、課題を絞り込むことができず、あらゆることを調べる羽目に陥り、「調査・検討に時間がかかりすぎていないだろうか？」と、不安になってしまう。法務担当者であれば、誰もがそのような経験をしたことがあるだろう。

　また、アウトプットの中身についても、「クライアントに理解・納得してもらえる回答になっているだろうか？」などと、自分の仕事のクオリティに確信が持てないことがあるかもしれない。後ほど詳述するが、アウトプットのレベルや中身は、クライアントの立場や理解度に合わせてカスタマイズされたものでなければならない。なぜなら、クライアントの案件に対する精通度や法務からの回答の用途は、個々の状況によって異なるからである。

　繰り返しになるが、クライアントは法務部からのアウトプットを受け、その後アクションを起こす。したがって、法務担当者の回答は、クライアント

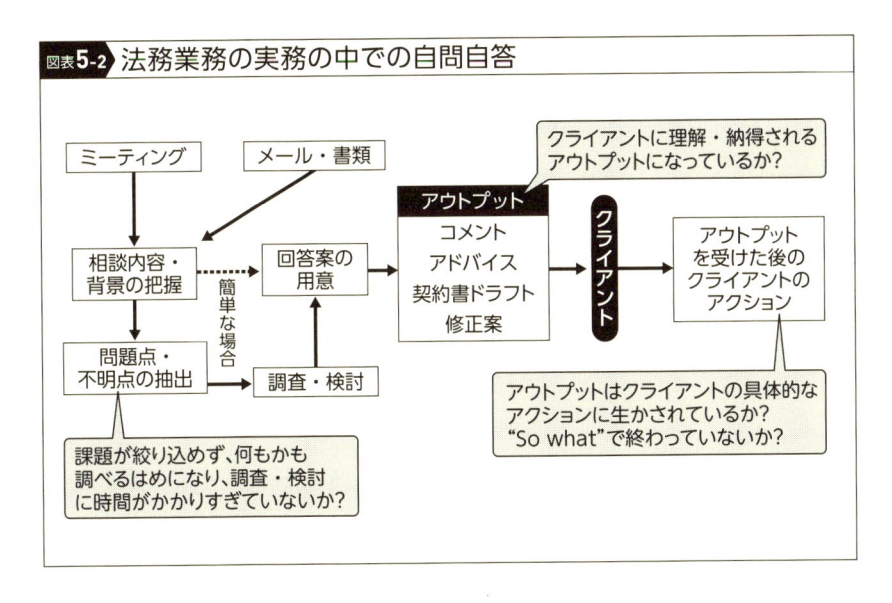

図表5-2 法務業務の実務の中での自問自答

```
[ミーティング]    [メール・書類]           クライアントに理解・納得される
      \            /                    アウトプットになっているか？
       ↓          ↓                              ↓
    相談内容・   → 回答案の   →    【アウトプット】  →  ク  → アウトプット
    背景の把握 ⋯⋯→  用意          コメント            ラ     を受けた後の
      ↓      簡単な  ↑            アドバイス          イ     クライアントの
    問題点・  場合    │            契約書ドラフト      ア     アクション
    不明点の抽出 → 調査・検討      修正案              ン
      ↓                                              ト
  課題が絞り込めず、何もかも                    アウトプットはクライアントの具体的な
  調べるはめになり、調査・検討                  アクションに生かされているか？
  に時間がかかりすぎていないか？                "So what"で終わっていないか？
```

の次のアクションに生かされる内容でなければならない。もし、その回答が理屈や法律論を振りかざすばかりで具体的な解決策を欠いていたとしたら、どうだろうか。おそらく、そのような回答に対してクライアントは、「それではどうすればいいんだ？（So what?）」と反論することだろう。そんなことでは、仕事は次の段階へと進んでいかない。法務担当者は、業務の中で絶えず自問自答すべきであることを肝に銘じておきたい。

3 | ゴールから逆算する仕事の仕方

(1) クライアントの目的・目標を逆にたどる

では、上に挙げたような自問自答に答えるためには、どうすればよいのか。そのためには、ゴールから逆算した仕事の仕方が有効であると、筆者は考えている。

その手順は、[図表5-3]に示した通りだ。① クライアントの目的・目標を明確にし、② 具体的なアウトプットのイメージを作る。このアウトプットのイメージに合わせて、③ 調査・検討すべき項目を絞り込んでいくので

図表5-3 ゴールを明確にして仕事をする

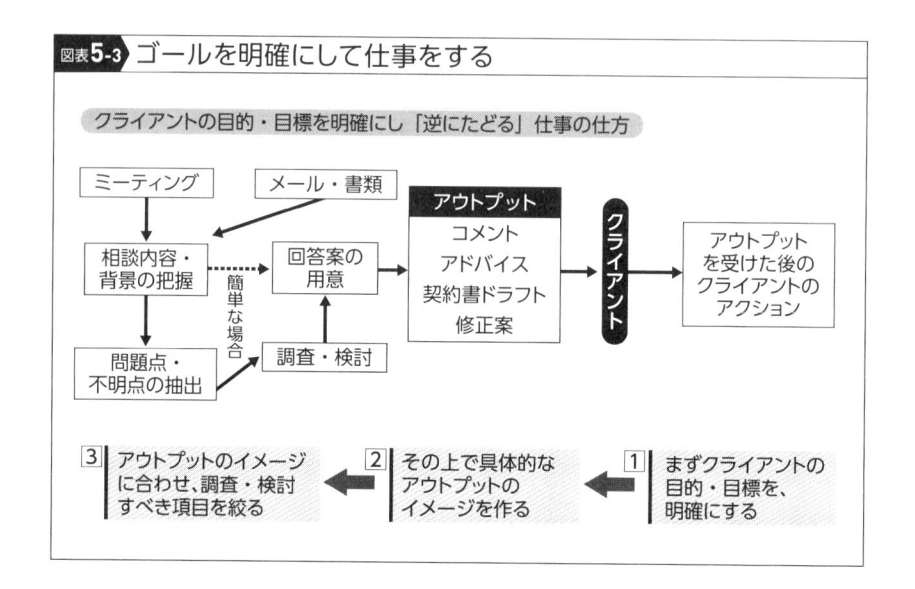

クライアントの目的・目標を明確にし「逆にたどる」仕事の仕方

```
[ミーティング]    [メール・書類]
      ↓              ↓
  [相談内容・  ]  →  [回答案の]   [アウトプット]       [アウトプットを受けた後の]
  [背景の把握 ]      [用意  ]   コメント    →  クライアント  →  [クライアントのアクション]
      ↓       簡単な ↑        アドバイス
  [問題点・  ]  場合  [調査・検討]  契約書ドラフト
  [不明点の抽出]                   修正案
```

③ アウトプットのイメージに合わせ、調査・検討すべき項目を絞る ← ② その上で具体的なアウトプットのイメージを作る ← ① まずクライアントの目的・目標を、明確にする

ある。

わかりやすくするため、「出張」を例にこの手順をイメージしてみよう。あなたは明日、東京新宿の本社から大阪本町の支店に出張し、午後15時から始まる研修の講師を務めることになっているとする。そのときあなたは、新宿駅の時刻表から調べ始めるだろうか。おそらくあなたは、「本町の支社で15時に研修を開始するためには、14時ごろには新大阪駅に到着したい」→「そのためには11時30分東京駅発の新幹線に乗らなければならない」→「11時過ぎに東京駅に着くためには、10時半に会社を出ればいい」と考えるはずだ。

これと同様に、契約書の新規作成事例を考えてみよう。「クライアントは、来週火曜日の先方とのミーティングで契約書ドラフトを提示したい」→「そのためには、今週中にドラフトを作成してクライアントに読んでもらおう」→「そのためには、今日中には参考になる過去の契約事例を集めて、ドラフト作成の方針を立てよう」といった具合に考えるのである。

(2) クライアントの目的・目標を明確にする意味

このような「逆をたどる」方法によるクライアントの目的・目標の明確化には大きく2つの意味がある。

1つは、これによって、クライアントの目標達成・問題解決に結びつけるということである。例えば、法務の仕事には、取引におけるリスクを指摘して、事業部門の行動にブレーキをかけなければならない場合がある。その際に、事業部門の予定していたアクションの目的・目標を明確にすることにより、例えば、「A社と業務提携をしたいのであれば、後で独占禁止法違反を指摘されるリスクを回避する必要があります。そのためには、両者のマーケットシェアを調べた上で公正取引委員会への事前相談の要否を検討しましょう」などというように、言いにくいことをしっかりと伝えることができる。

もう1つは、逆にたどることで手前の仕事を絞り込むことである。例えば、「本件で、仕入先に損害賠償を請求したいのであれば、不法行為の要件よりも、むしろ取引基本契約の条項の確認をしなければいけませんよね」というように、目標・目的を実現する上で必要となる仕事を絞り込むことにより、不要な仕事をせずに済ませることが可能となる。先ほどの出張の例であれば、真っ先に新宿発の時刻表を眺めるような無駄な作業を省略することができるわけである。

(3) 目標・目的の明確化の難しさ

もっとも、クライアント自身が、目的・目標を明確に認識できていないこともある。例えば、ただ何となく法務に聞きに来た、あるいは上司に「法務に聞いて来い」と言われて来た、などといった場合だ。

また、クライアント本人の目標と、会社の目標とが必ずしも一致しないということも、しばしば起こりうる。例えば、会社の目標は、ある新規事業の成長であるのに対し、事業部門の一スタッフの目標は、その中のA社との契約締結となることがある。そのような場合に、A社との契約をとるために独占販売権を与えてしまえば、新規事業全体の足かせとなる、といったことが起こりうる。そのようなときは、会社の目標達成こそが最大のテーマである

ことを思い出し、「仮に自分が経営者だったなら……」といった具合に想像を働かせてみるといい。そのようにして案件をより広い視野でとらえれば、クライアントの要望とは異なる別のシナリオを採用することが、会社にとってより合理的というケースもあるだろう。

クライアント自身が目的・目標を明確に認識していないときには、決してその要望をうのみにしてはならない。そのようなときは、会社全体の目標の実現のため、ぜひ法務担当者がビジネス感覚（損得勘定）を発揮し、的確なアウトプットにつなげてほしい。

（4）自分のやっている仕事を客観視する

このようにビジネス感覚と想像力を発揮するためには、何よりもまず、自分の仕事を客観視する視点（[図表6]）が必要だ。

一方には、クライアントと同じ視点で「Solution（解決）」を見つけようとする自分がいる。もう一方には、そんな自分を客観的な目で見つめる自分がいる——そのような視点である。

「クライアントの要望に引きずられすぎていないか」、「重要度やリスクの判断に誤りはないか」、「他の業務とのバランスの中で、この案件に時間をかけすぎていないか」などというように、客観的に自分の仕事を見つめ、俯瞰的

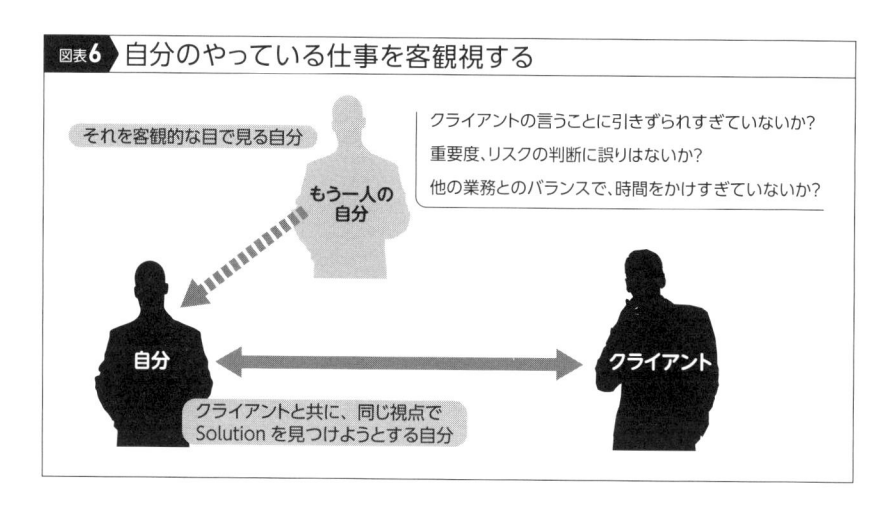

図表6　自分のやっている仕事を客観視する

- それを客観的な目で見る自分 ＝ もう一人の自分
  - クライアントの言うことに引きずられすぎていないか？
  - 重要度、リスクの判断に誤りはないか？
  - 他の業務とのバランスで、時間をかけすぎていないか？
- 自分 ⇔ クライアント
- クライアントと共に、同じ視点で Solution を見つけようとする自分

な視点に立つことで、自ずと仕事の優先順位が定まり、業務のクオリティも高まっていくだろう。

　自分の仕事を客観視するための一工夫として、例えば、契約書などの文書の内容を検討している場合であれば、椅子から立ち上がって上から文書を眺めてみるなど、物理的に視点を変えることで、頭を切り替えてみることもお勧めである。

4 ｜ 参考事例：秘密保持契約

　最後に、秘密保持契約を例として、クライアントの目標・目的に合ったアウトプットを出すためには、どのような事項について確認あるいは留意しておくべきかを、4つのポイントに絞って具体的に見てみよう。

① 契約書を読む視点

　法務担当者になって間もない人ほど、「とりあえず契約書の文章を読もう」と、契約書に対して前のめりになりがちである。しかし、何よりも先に「秘密保持契約はそもそも何を目的として締結するのか」という意識を持たなければ、「契約書を読む視点」は生まれない。

　秘密保持契約の骨子とは、取引を通じて相手方が知り得た自社の機密、自社が知り得た相手方の機密を漏えいさせない（しない）と、あらかじめ約束する点にある。そこで、第一に確認すべきことは、どのような情報を、どちらが出すかという点である。自社が受ける側なのか、それとも出す側なのか、あるいは相互に交換するのかについてチェックする。

② 秘密情報を開示（受領）する目的

　例えば、自社製品の製造委託をするためには、相手方に製品の図面を渡す必要がある。また、人事情報システムの開発を依頼する場合には、自社の人事情報を提供することになるだろう。あるいは、他社との業務提携の交渉を進める場合であれば、まだ公にはされていない自社の事業計画を開示するこ

とも考えられる。秘密情報を開示（受領）する目的は、常に明確にしておかなければならない。

③ 秘密情報の性質

取引契約の慣例上、「一応秘密」としているレベルの情報もあるだろう。だが、仮に相手方を通じて外部に漏れた場合には、自社が致命的な損害を被るような重大な秘密もある。秘密保持契約の内容が、万一の場合のリスクに備えた内容となっているかどうか。法務担当者はきっちりと確認しておく必要がある。

④ どのような相手か

何も言わずとも、こちらの秘密を守ってくれるような信頼に足る会社が相手なのか、それとも、かなり強く念押ししておかなければ秘密を漏らすおそれのある会社なのか。場合によっては、相手方の評判や、トラブル事例などにも目を配ることが必要となる。

以上の他にも、「相手方と自社とが潜在的に競合関係にあるか」、あるいは「自社と共同で行おうとしている開発テーマを、相手方は他社との取引にも活用しようとしているのか」という点についても留意しておくとよいだろう。潜在的に競合関係にある相手と取引する場合には、一般的に、「秘密情報を流用した・しない」をめぐる紛争リスクが高くなる。法務担当者としては、たとえ2ページ程度の秘密保持契約書であっても漫然と読み始めるのではなく、締結の目的・背景を十分に理解して対応する姿勢が求められることになる。

第2章 依頼者からのヒアリングから業務の開始まで

　実際に業務を開始する前には、クライアントに対して十分なヒアリングを行う必要がある。ヒアリングを通じて、取引内容と依頼内容を把握し、アウトプットのイメージにつなげていくのである。本章では、取引に関する依頼を受けた場合に、どのような内容についてヒアリングを行うのか、また聞き出した内容をどのようにアウトプットのイメージにつなげるのかを解説していく。

1 | 法務業務のスタートはヒアリングから

　法務業務の多くは、ヒアリングから始まる。法務担当者はクライアントからのヒアリングを通じて、その依頼内容や問題点を理解していく。これらの点について理解を欠いたままでは、法務業務を進めることはできないだろう。

　ことに、経験が少ない若手の法務担当者ほど、十分なヒアリングが必要となる。経験が豊富なベテランであれば、クライアントから「○○について相談したい」と持ち込まれた時点で、相談の中身についておおよその見当がつくはずだ。いわゆる「取引内容のビジュアライズ」である。だが、経験が少なければ、ヒアリング抜きに相談の具体的な中身をイメージすることはできないだろう。

　もっとも、経験が少ない法務担当者の場合には、そもそも何をヒアリングすればよいのかがわからず、スタートからつまずいてしまうおそれがある。そこで、ヒアリングの際に、クライアントから何を聞き出すべきかを十分に理解しておかなければならない。

　ヒアリングで聞き出すべき内容は、「取引内容」と「依頼内容」の2つに分けることができる。

2 | 何を聞き出すのか

(1) 取引内容（発生した問題の内容）

一般に、クライアントの相談の多くは、他社との取引に関する問題である。そこで、通常は、取引内容を理解することが重要となる。具体的には、以下のような事項について聞き出すことが必要となる。

① 取引において扱う商品と取引形態

例えば、製品の売買であれば、自社が売り手なのか、買い手なのか、製品はどのようなものか、製品の最終ユーザーは誰で、どのように使われるのか、などについてヒアリングする。

② 取引相手

取引相手がどのような会社なのか、具体的には、会社の規模、これまでの取引実績、信頼度、自社との力関係などについて聞き出す。仮に、部品メーカーが自動車メーカーに製品を納入する場合であれば、力関係の点では、自動車メーカーの方が圧倒的優位にあるケースが多い。それを前提として、「品質問題が起きたときに、どのように対応するのか」などについて考えながら、自社にとって望ましい契約内容を検討していくことになる。

③ 取引金額

要は「いくらの話なのか」という問題である。具体的には、取引で扱う製品の数量・金額・期間等についてヒアリングする。例えば、年間100万円の取引と年間1億円の取引とでは、自社にとっての重要度がまったく変わってくるだろう。あるいは、品質クレームのトラブルにしても、10万円の損害賠償を請求されたケースと1,000万円を請求されたケースで対応が異なるのは、当然のことである。

④ 事業上の目的

　ある会社と取引を開始することに大きな意味があれば、「わが社の今後の事業展開を考えれば、多少不利なところに目をつぶっても、この契約は今結んでおくべきだろう」といったように、会社の目標とすり合わせながら、取引の事業上の目的を明確にする。

　ヒアリングを通して把握した取引内容については、例えば、「当社で製造している液晶パネルを、電機機器メーカーA社に販売する。その液晶パネルはA社で製造・販売されているカーナビゲーション・システムの部品として使われる」というように、具体的なイメージを頭の中に思い描けるようにしておきたい。これを、筆者は「取引内容のビジュアライズ」と呼んでいる。「取引内容のビジュアライズ」ができるようになれば、ビジュアライズされた取引内容と、法務担当者として出そうとしている自らの答がマッチしているかどうかを比較し、その答が適切か否かを判断することが可能となるだろう。

(2) 依頼内容

　クライアントへのヒアリングでは、取引内容に加えて、以下のような依頼内容に関する事項についても聞き出す必要がある。

① 依頼者

　具体的には、「どのような部門の、どのようなポジションの、誰が相談に来ているのか」ということである。事業部長が直接相談に訪れたのであれば、自ずと問題の重要度が高いと推測できるだろう。あるいは相談者が営業部門のスタッフの場合と開発部門のスタッフの場合とでは、問題に対するクライアントの慎重度が異なるかもしれない。さらに言えば、法務問題へのクライアントの理解度によっても対応が変わってくる。例えば、過去に何度も相談を受けたクライアントであれば、過去の案件や問題に関しては十分に承知しているはずなので、法務担当者が一から説明する必要がなくなるかもしれない。

② 依頼者の期待する答

法務部にどのような答を求めているのか。

③ 希望納期

いつまでに答が欲しいのか。

④ これまでの経緯と現在の状況

その取引、あるいは問題に関して、今までにどのようなやりとりがあり、現在どのような段階にあるのか。

3 | 聞き出したことをどう使うのか

　取引内容はビジュアライズでき、依頼内容も把握した。では、クライアントからヒアリングしたこれらの内容をどのように使うのか。その流れを示したのが、[図表7] である。

　実際に仕事に取りかかる前には、法務担当者が判断すべき項目がいくつかある。具体的には、考えうるリスク・問題点、相談内容の重要度・緊急度、これまでに何度も触れてきたクライアントの目的・目標といった判断事項を最低限押さえておかなければならない。これらの項目について判断した結果、例えば、「明日答えるのでは意味がなく、今日中に答えることが重要だ。ならば、正確さは多少犠牲にしても60点、70点の答を出した方がよいだろう」というように、同じ問題であっても法務担当者としての対応は異なってくるはずだ。

　クライアントからヒアリングした上記の内容は、この判断の際に使われることになる。まず、考えうるリスク・問題点の判断は、例えば、ヒアリングした取引内容や取引相手についての情報をもとに行う。

　また、考えうるリスク・問題点の判断に、ヒアリングによって得た取引金額、依頼者、希望納期の情報を加えて、相談内容の重要度・緊急度について

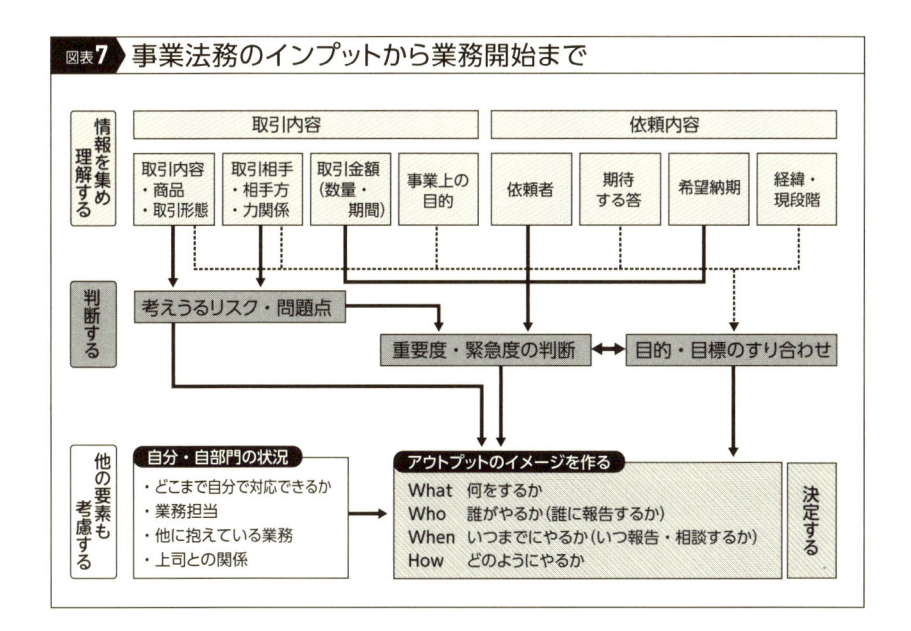

```
図表7  事業法務のインプットから業務開始まで
```

```
情報を集め理解する
  取引内容
    取引内容 ・商品 ・取引形態
    取引相手 ・相手方 ・力関係
    取引金額（数量・期間）
    事業上の目的
  依頼内容
    依頼者
    期待する答
    希望納期
    経緯・現段階

判断する
  考えうるリスク・問題点
  重要度・緊急度の判断 ←→ 目的・目標のすり合わせ

他の要素も考慮する
  自分・自部門の状況
    ・どこまで自分で対応できるか
    ・業務担当
    ・他に抱えている業務
    ・上司との関係
  アウトプットのイメージを作る
    What  何をするか
    Who   誰がやるか（誰に報告するか）
    When  いつまでにやるか（いつ報告・相談するか）
    How   どのようにやるか
  決定する
```

の判断を行う。考えうるリスクが大きいと判断される場合、あるいは前述のように事業部長が直接法務部を訪れ相談してきた場合、あるいは取引金額が大きい場合などでは、問題の重要度は高いと判断できる。

　さらに、取引内容、取引相手、事業上の目的、依頼者の期待する答、これまでの経緯等を踏まえて、前述したクライアントの目的・目標を明確にするためのすり合わせを行うのである。

4｜アウトプットのイメージにつなげる

　実際の仕事に取りかかるためには、以上のような形で、聞き出したこと・判断したことをもとに、さらにアウトプットのイメージを作ることが必要である。

　すなわち、取引内容がビジュアライズできているか、リスクや問題点が想定できているか、重要度・緊急度は把握できているか、クライアントの目的・目標は理解できているか、ということを踏まえてアウトプットのイメージを

作り上げていくわけだ。もっとも、この作業は頭の中で行えばよく、いちいち書き出す必要はないだろう。

また、アウトプットをイメージする際には、併せて以下の「3W1H」についても考える。

① What ：何をするか
② Who ：誰がやるか、誰に報告するか
③ When ：いつまでにやるか（いつ報告・相談するか）
④ How ：どのようにやるか

例えば、①「What」については、契約書を作るのか、質問されたことに答えるのかを、②「Who」については、自分がやるのか、自分だけでは手に負えないので先輩や上司を巻き込んで一緒にやるのか、あるいは自分がやって上司に報告するのかをイメージする。③「When」については、経験の少ない若い担当者の場合には、クライアントに答える前に上司や先輩に報告し、チェックを受けなければならないだろう。したがって、上司や先輩にいつ報告・相談するのかということを含めて「When」をイメージしなければならない。④「How」については、調べ物であればどのように調べるのか、契約であれば類似する先例をどこから引っ張り出すのか、などについて考えることになるだろう。

なお、アウトプットのイメージを作る際には、上記の説明でも触れている通り、ヒアリングで得た以外の他の要素、自分と上司、あるいは法務部全体の状況などについても考慮する必要がある。例えば、自分ですべて対応できるものか（他に抱えている業務があれば、それらを含めてこなせるか）、自分が担当する業務の裁量の範囲内か、あるいは上司に報告すべき案件なのか、むしろ上司に担当してもらった方がよい案件なのか、といったことを検討しなければならない。

第3章 契約審査業務の実務手順

多くの企業において、法務業務の中では契約に関わるものが多い。ことに契約審査は法務業務の典型と言うべきものであり、そのスキルを身につけておくことは、法務担当者にとって不可欠だ。本章では、契約審査実務の手順を概観しながら、契約書を審査するために必要なスキルを学んでいく。

1 │ 契約書は取引当事者間の法律

そもそも、なぜ契約関連業務は法務部の仕事とされているのだろうか。

契約関連業務とは、自社と契約の相手方との間にルールを決める仕事であり、いわば「立法作業」である。である以上、法律に関する知識と素養を備えた法務部が、法的な権利義務をわきまえた文書を遺漏なく作成する必要がある、と考えられているからである。

契約書に関する業務としては、相手方から出された契約書を審査する「レビュー」と、法務部で一から契約書を書き起こす「ドラフト」の2つがあるが、法務部に持ち込まれる案件の数は前者の方が圧倒的に多い。これは、自社から提示する契約の多くは、すでに自社の標準書式（ひな型）として用意されているからである。また、自社のひな型に対する相手方修正案をレビューするということも多い。

契約書レビューの全体的なプロセスは［図表8］の通りである。次項では、この流れを具体的に見ていく。

▶第3章 契約審査実務の実務手順

図表8 契約書レビューの全体プロセス

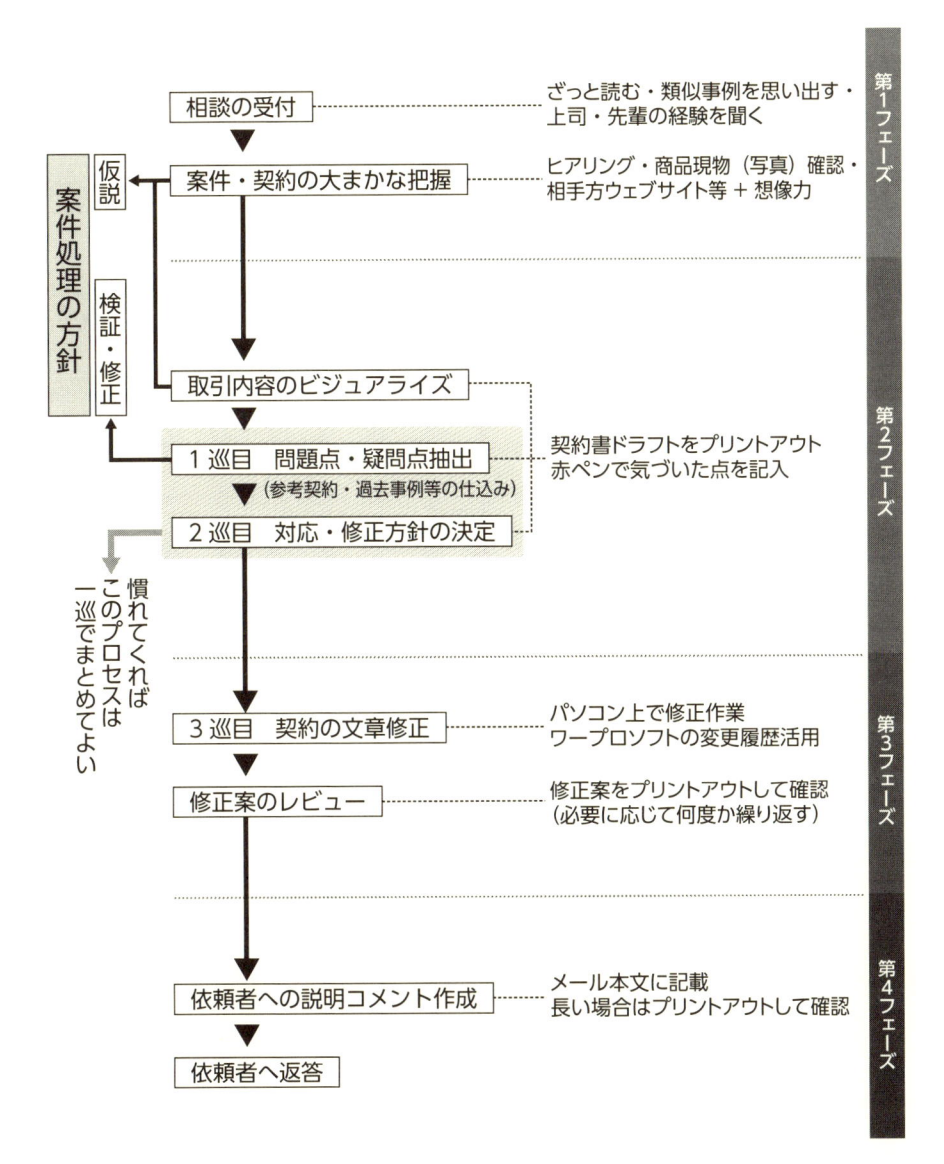

```
                                                            ┌─────┐
         相談の受付 ………… ざっと読む・類似事例を思い出す・    │第1  │
            │                 上司・先輩の経験を聞く          │フェーズ│
            ▼                                                │     │
  仮  案件・契約の大まかな把握 ……… ヒアリング・商品現物（写真）確認・
  説◀─                                    相手方ウェブサイト等 ＋ 想像力
案  │                                                        ├─────┤
件  ▼                                                        │     │
処 検                                                        │第2  │
理 証 取引内容のビジュアライズ                                │フェーズ│
の ・     │                                                  │     │
方 修  ┌──────────────────┐                                  │     │
針 正  │ 1巡目 問題点・疑問点抽出 │ ……… 契約書ドラフトをプリントアウト
    │  │    ▼ (参考契約・過去事例等の仕込み) │    赤ペンで気づいた点を記入
    │  │ 2巡目 対応・修正方針の決定 │
    │  └──────────────────┘
    │      │
    │  慣  こ 一
    │  れ  の 巡
    │  て  プ で
    │  く  ロ ま
    │  れ  セ と
    │  ば  ス め
    │      は て
    │         よ
    │         い                                             ├─────┤
    ▼                                                        │     │
   3巡目 契約の文章修正 ……… パソコン上で修正作業              │第3  │
        │                     ワープロソフトの変更履歴活用    │フェーズ│
        ▼                                                    │     │
   修正案のレビュー ……… 修正案をプリントアウトして確認        │     │
        │                  （必要に応じて何度か繰り返す）     │     │
        │                                                    ├─────┤
        ▼                                                    │     │
   依頼者への説明コメント作成 ……… メール本文に記載           │第4  │
        │                           長い場合はプリントアウトして確認
        ▼                                                    │フェーズ│
   依頼者へ返答                                               │     │
                                                            └─────┘
```

2 | 契約審査業務のフロー

(1) 第1フェーズ：案件の把握とビジュアライズ

① 契約内容をおおまかに把握する

契約審査の作業はクライアントの相談を受けてから4つの段階（フェーズ）をたどっていく。

まず第1フェーズ（[図表9-1]）では、案件・契約内容をおおまかに把握して、今後予測される作業とその難易度について仮説を持つ。

案件・契約内容を把握する際には、どの部門から持ち込まれた何についての契約なのか、自分が以前に扱ったことがある契約なのか、あるいは法務部内の他のスタッフがやったことがあるか、自分の手に負えるものか、どの程度時間がかかりそうか、といった点を総合的に判断していく。その結果、依頼された契約書レビューを独力で行うことが難しいと感じるのであれば、上司にサポートを求めることも検討しよう。

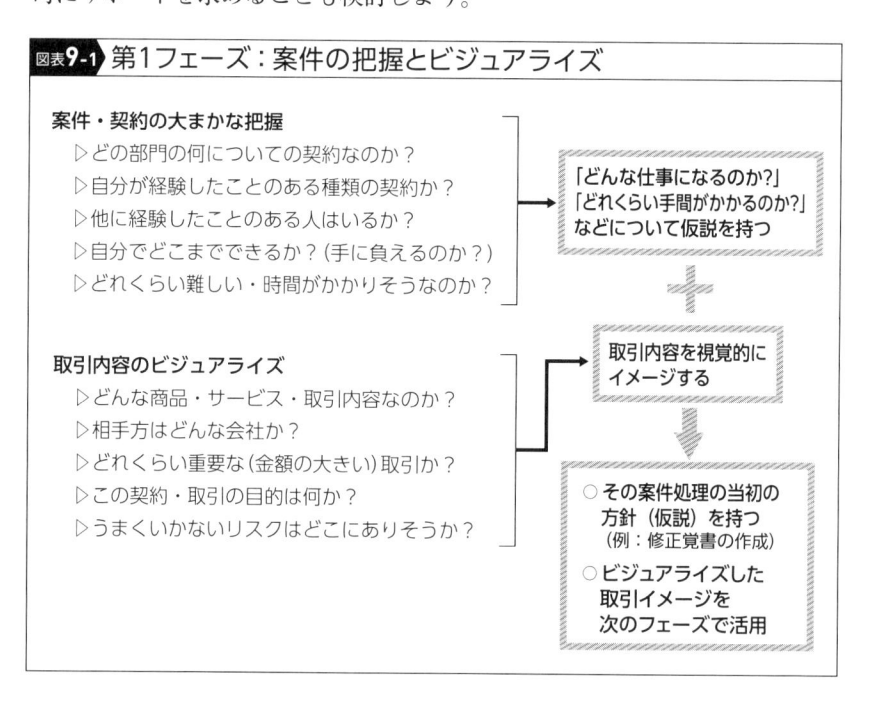

図表9-1 第1フェーズ：案件の把握とビジュアライズ

案件・契約の大まかな把握
- ▷どの部門の何についての契約なのか？
- ▷自分が経験したことのある種類の契約か？
- ▷他に経験したことのある人はいるか？
- ▷自分でどこまでできるか？（手に負えるのか？）
- ▷どれくらい難しい・時間がかかりそうなのか？

→「どんな仕事になるのか？」「どれくらい手間がかかるのか？」などについて仮説を持つ

取引内容のビジュアライズ
- ▷どんな商品・サービス・取引内容なのか？
- ▷相手方はどんな会社か？
- ▷どれくらい重要な（金額の大きい）取引か？
- ▷この契約・取引の目的は何か？
- ▷うまくいかないリスクはどこにありそうか？

→取引内容を視覚的にイメージする

↓

- ○その案件処理の当初の方針（仮説）を持つ
  （例：修正覚書の作成）
- ○ビジュアライズした取引イメージを次のフェーズで活用

② 取引内容のビジュアライズ

次に、取引内容をビジュアライズしていく。すなわち、取引の内容を頭の中で具体的に思い描けるようにするのである。そのためには、ヒアリングや商品の現物（または写真）の確認、相手方のウェブサイトの閲覧などを通して、商品・サービス・取引の内容をはじめ、相手方の企業情報、取引金額を含めた案件の重要度、取引の目的、リスクなどについて、十分に理解することが必要になる。

取引内容をビジュアライズすることによって、法務担当者として具体的に行うべき作業について仮説を持つことが可能となる。

例えば、自社が部品メーカー（売り手）であり、相手方が完成品メーカー（買い手）である場合、両者の力関係を考慮すれば、相手方から出された契約書に修正を入れ、それを相手方に認めさせることは、おそらく難しい。同じ問題を、数多くのメーカーからさまざまな部品を仕入れなければならない完成品メーカーの側から眺めてみれば、個別契約における売り手側の修正要求に応じると、事業全体の取引の管理が非常に困難になる、という事情もある。そのため、このようなケースでは、契約書とは別に、修正を求めたい事項のみに絞った「変更覚書」を作成し、それを相手方に受け入れてもらう方策を検討することが、法務担当者の具体的な仕事となるだろう。

第1フェーズでは、このようにして、その後の仕事の方針について具体的なイメージを持ちながら契約書を読んでいく。また、この段階でビジュアライズした取引内容は次のフェーズで活用することになる。

（2）第2フェーズ：問題点の抽出と解決

①「ビジュアライズした取引内容」と照合しながら問題点を抽出

第2フェーズ（[図表9-2]）では契約書をクリティカル（批判的）な視点で熟読し、問題点を抽出していく。一般的に、問題点とは、「あるべき状態」ではないということを意味する。そこで、問題点の抽出は、取引内容から見た「あるべき状態」と、契約書とを照合して行うことになる。

では、「あるべき状態」とはどういう状態だろうか。それを理解するには、「かくあるべき」と考えられているその取引の一般的な態様と、自社にとって有利な契約内容をイメージしてみるとよいだろう。具体的には、「ビジュアライズした取引内容」との比較で違和感がないかを考えながら、過去の参考になりそうな契約・事例とも比較していく。さらに、法務担当者として経験を重ねるにつれて、「この種の取引は通常こうなっているはず」という頭の中のデータベースとの照合が可能になる。

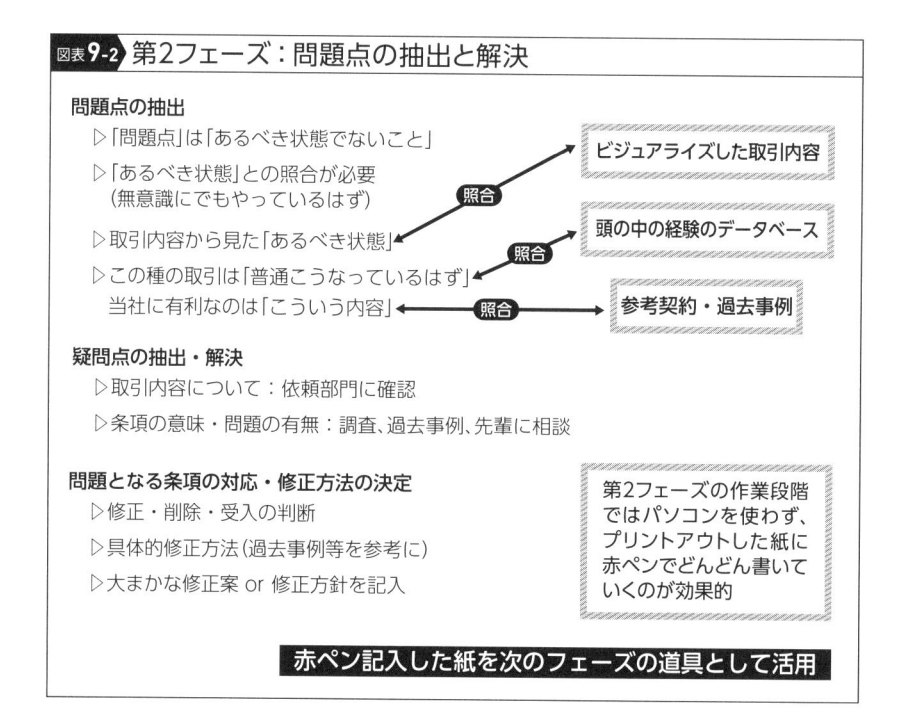

図表9-2 第2フェーズ：問題点の抽出と解決

問題点の抽出
- ▷「問題点」は「あるべき状態でないこと」
- ▷「あるべき状態」との照合が必要（無意識にでもやっているはず）
- ▷取引内容から見た「あるべき状態」
- ▷この種の取引は「普通こうなっているはず」
  当社に有利なのは「こういう内容」

照合 → ビジュアライズした取引内容
照合 → 頭の中の経験のデータベース
照合 → 参考契約・過去事例

疑問点の抽出・解決
- ▷取引内容について：依頼部門に確認
- ▷条項の意味・問題の有無：調査、過去事例、先輩に相談

問題となる条項の対応・修正方法の決定
- ▷修正・削除・受入の判断
- ▷具体的修正方法（過去事例等を参考に）
- ▷大まかな修正案 or 修正方針を記入

> 第2フェーズの作業段階ではパソコンを使わず、プリントアウトした紙に赤ペンでどんどん書いていくのが効果的

赤ペン記入した紙を次のフェーズの道具として活用

例えば、同じ製品を売買する場合であっても、自動車の部品に使われる場合と工場のラインで使われる場合、あるいは一般消費者が購入して使う場合とでは、製品の使われ方はまったく異なってくる。にもかかわらず、同じ契約書のひな形をそのまま使い回しているため、契約書の内容が、取引の実態に即したものとなっていないことがある。このような場合には、契約書の内容が「ビジュアライズした取引内容」と食い違い、「あるべき状態」にないと判断できるわけだ。

また、「品質保証」の条項を例に挙げると、買い手の立場から見れば、保証期間が長いほど自社にとって有利であるため、この場合の「あるべき状態」とは、同種の取引で一般的にありうる範囲で可能な限り長い品質保証期間が定められていること、ということになる。

② 疑問点の抽出・解決

第1フェーズで取引内容を理解したつもりでも、この段階であらためて疑問が浮かんでくる個所もあるだろう。そのような疑問点は、決してあいまいなままにせず、もう一度クライアントに確認し、取引内容を正確に理解しておく。

さらに、契約条項の法的な意味などについて疑問が生じたときには、法務部内の先輩に相談する、自社の過去事例にあたる、法的根拠を調査する（第2部第5章「リーガルリサーチ」で詳述）、などして解決しておきたい。

③ **問題となる条項の対応・修正方法を決める**

第2フェーズでは、二度、契約書を熟読する。まず、1巡目の熟読では、前述した方法で問題点、疑問点を抽出していく。

続く2巡目では、抽出した問題点、つまり問題となる条項についての対応と修正方針を決定する。まず、条項を修正あるいは削除して相手に戻すか、あるいはそのまま受け入れるかを判断する。修正する場合には、過去事例などを参考にしながら、具体的にどのように修正するかを決めていく。

この作業を行う際には、プリントアウトした契約書に、疑問点や修正案・

修正方針を赤ペンで書き込んでいく。筆者の経験では、パソコンのモニターの上で同じ作業を行うよりも、関連する条項の一覧性などの点ではるかに効率的に進められるので、この方法を勧めている。

なお、契約書審査業務にある程度慣れてくれば、1巡目と2巡目は一度にまとめることも可能である。参考までに、相手方から提示される契約書に対して、実際に筆者が赤ペンを入れた作業例を、以下に紹介しておきたい。

【参考】契約書案への赤ペン入れ作業例

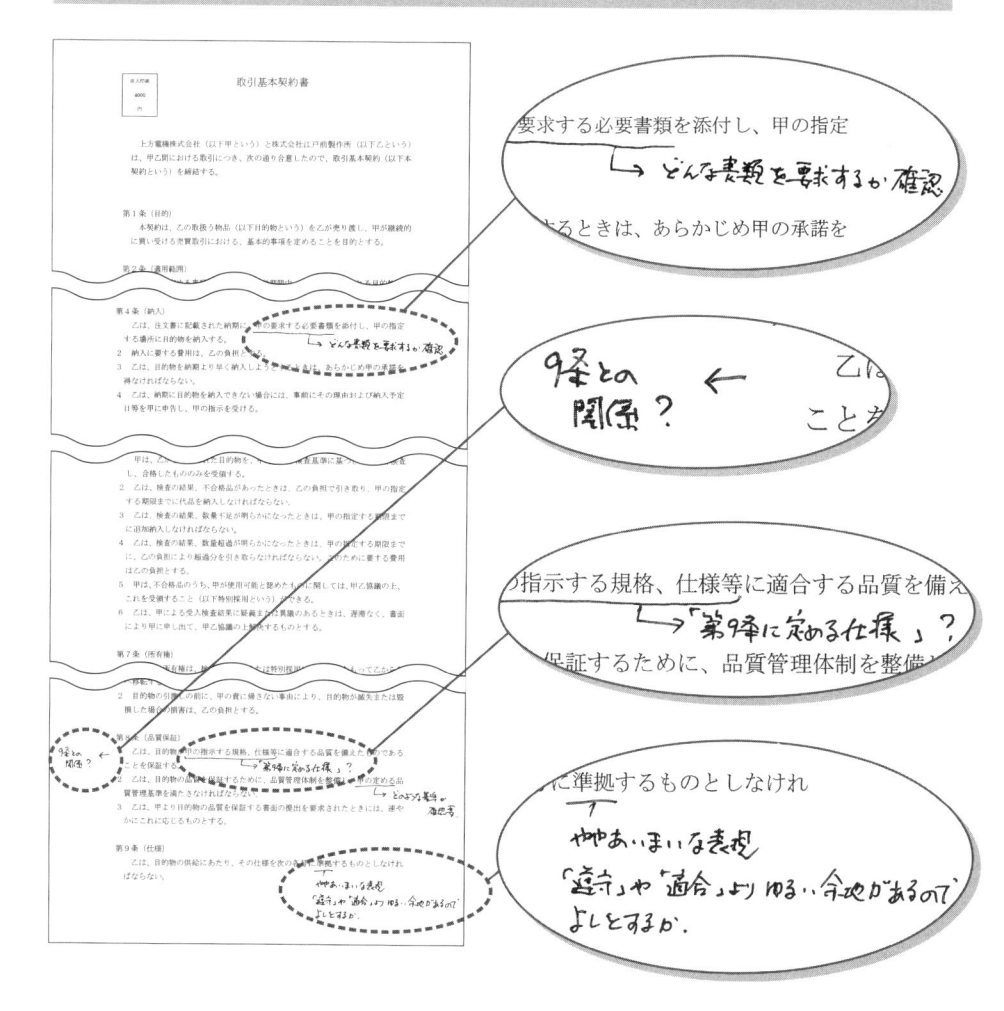

（赤ペン書き込み部分抜粋）
- 要求する必要書類を添付し、甲の指定 →どんな書類を要求するか確認
- 9条との関係？
- 指示する規格、仕様等に適合する品質を備え →「第9条に定める仕様」？
- に準拠するものとしなけれ → ややあいまいな表現「遵守」や「適合」よりゆるい余地があるのでよしとするか。

60

第3章 契約審査実務の実務手順

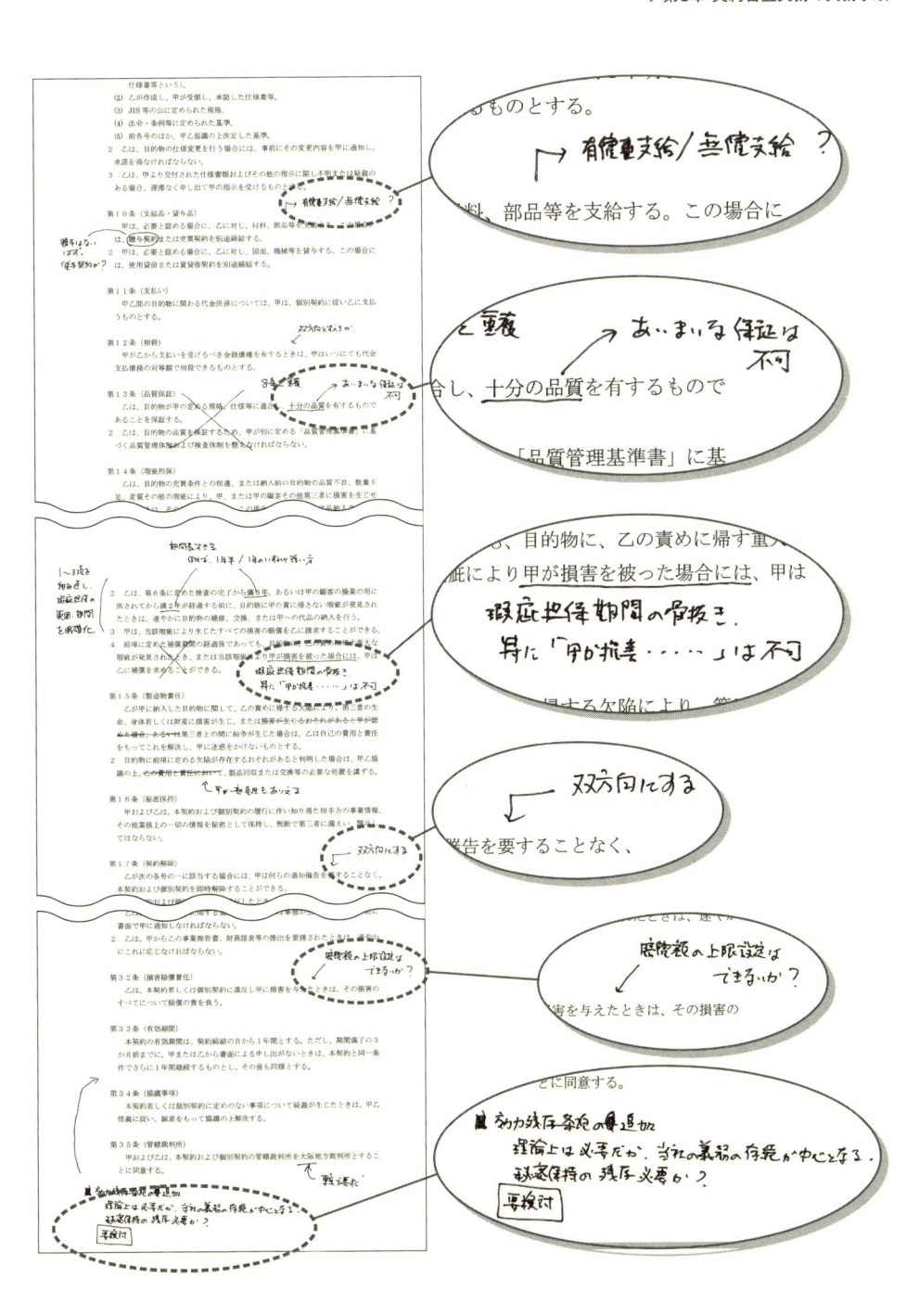

仕様書等という。
(2) 乙が作成し、甲が受領し、承認した仕様書等。
(3) JIS等の公に定められた規格。
(4) 法令・条例等に定められた基準。
(5) 前各号のほか、甲乙協議の上決定した基準。
2 乙は、目的物の仕様変更を行う場合には、事前にその変更内容を甲に通知し、承諾を得なければならない。
3 乙は、甲より交付された仕様書類およびその他の指示に関し不合理疑義のある場合は、遅滞なく申し出て甲の指示を受けなければならない。

第10条（支給品・貸与品）
1 甲は、必要と認める場合に、乙に対し、材料、部品等を〜〜〜〜〜 → 有償支給／無償支給？
  贈与契約または売買契約を別途締結する。
2 甲は、必要と認める場合に、乙に対し、図面、機械等を貸与する。この場合には、使用貸借または賃貸借契約を別途締結する。

(左余白) 贈与ではない。 売買契約か？

第11条（支払い）
甲乙間の目的物に関わる代金決済については、甲は、個別契約に従い乙に支払うものとする。

第12条（相殺）
甲が乙から支払を受けるべき金銭債権を有するときは、甲はいつでも代金支払債務の対等額で相殺できるものとする。

→ 乙も (双方向にできるか)

第13条（品質保証）
1 乙は、目的物が甲の定める規格、仕様書に適合し、十分の品質を有するものであることを保証する。   → あいまいな保証は不可
2 乙は、目的物の品質を保証するため、甲が別に定める「品質管理基準書」に基づく品質管理体制および検査体制を整えなければならない。

第14条（瑕疵担保）
1 乙は、目的物の売買条件との相違、または納入前の目的物の品質不良、数量不足、変質その他の瑕疵により、甲、または甲の顧客その他第三者に損害を生じさせ〜〜〜

(上部手書き) 期間をできる
(明示、1年、／何でもより長い方)

2 第6条に定めた検査完了から1年、あるいは目的物の操業の用に供されたとき2年を経過する前に、目的物に乙の責めに帰す重大な瑕疵が発見されたときは、乙は、ただちに目的物の補修、交換、または代品の納入を行う。
3 甲は、当期間内により生じたすべての損害の賠償を乙に請求することができる。
4 前項による補修責任の範囲であっても、瑕疵が乙の責めに帰さないことを乙が立証したとき、または当該瑕疵が甲の指示による場合には、甲は乙に補償を求めることができる。

→ 瑕疵担保期間の明技と
  甲に「甲の損害……」は不可

第15条（製造物責任）
1 乙が甲に納入した目的物に関して、乙の責めに帰する事由により、甲もしくは甲の顧客の生命、身体もしくは財産に損害が発生し、または損害を生ずるおそれがあるとき甲または第三者との結果または紛争が生じた場合には、乙は自己の費用と責任をもってこれを解決し、甲に迷惑をかけないものとする。
2 目的物に前項に定める欠陥が存在するおそれがあると判明した場合は、甲乙協議の上その費用と責任の分担について、製品回収または交換等の必要な措置を講ずる。

(手書き) 甲が負担すもありえる

第16条（秘密保持）
甲および乙は、本契約および個別契約の履行に伴い知り得た相手方の事業情報、その他業務上の一切の情報を秘密として保持し、無断で第三者に漏えい〜〜〜〜〜
てはならない。

→ 双方向にする

第17条（契約解除）
乙が次の各号の〜に該当する場合には、甲は何らの通知・催告を要することなく、
本契約および個別契約を即時解除することができる。

〜〜〜〜〜〜〜〜〜〜〜〜〜〜〜〜〜〜
書面で甲に通知しなければならない。
2 乙は、甲から乙の事業報告書、財務諸表等の提出を要請されたときは、速やかにこれに応じなければならない。

→ 賠償額の上限設定はできるか？

第32条（損害賠償責任）
乙は、本契約若しくは個別契約に違反し甲に損害を与えたときは、その損害のすべてについて賠償の責を負う。

→ 賠償額の上限設定はできるか？

第33条（有効期間）
本契約の有効期間は、契約締結の日から1年間とする。ただし、期間満了の3か月前までに、甲または乙から書面による申し出がないときは、本契約と同一条件でさらに1年間継続するものとし、その後も同様とする。

第34条（協議事項）
本契約若しくは個別契約に定めのない事項について疑義が生じたときは、甲乙信義に従い、誠実なる協議をもって解決する。

第35条（管轄裁判所）
甲および乙は、本契約および個別契約の管轄裁判所を大阪地方裁判所とすることに合意する。

(左下) 甘過ぎる

→ 目的効力残存条項の追加
  理論上は必要だが、当社の義務の存続が中心となる。
  秘密保持の残存必要か？
  [要検討]

(3) 第3フェーズ：契約書の修正

① パソコン上での修正作業

第3フェーズ（[図表9-3]）では、赤ペンで修正を書き込んだ契約書を見ながら、ワープロソフト上に変更履歴をつけて修正を加えていく。第2フェーズでは各条項の対応の方針をメモ書きしている程度なので、具体的な文書作成はこのフェーズとなる。どのような表現とするかについては、必要に応じて過去に作成した類似案件の契約書の表現も参考にする。ただし、実際に文章を作成する際には、表現・用語を元の契約書に合わせる必要がある。

② 修正案のレビュー

修正案ができ上がったら、レビューを行う。赤ペンで修正を書き込んだ紙と、プリントアウトした修正案を照合しながら、修正点はすべて反映されているか、修正した文章が日本語としておかしくないか、などを確認していく。

図表9-3　第3フェーズ：契約書の修正

パソコンでの修正作業
- ▷ワープロソフトで変更履歴をつけながら作業
- ▷「赤ペン記入した紙」を見ながら修正案作成
- ▷必要により過去案件の表現を参考にする
- ▷元の契約の表現・用語に合わせる

修正案のレビュー
- ▷修正した契約案をプリントアウトし、「赤ペン記入した紙」と照合して確認
- ▷修正要と考えた点はすべて反映しているか？
- ▷修正した文章がおかしくないか？
- ▷複数の修正点で矛盾や表現のバラツキはないか？
- ▷条項番号のズレ、用語の統一などは大丈夫か？
- ▷気づいた点はプリントアウトした紙上で、再度赤ペンでマークした後、パソコンで修正

再修正案のレビュー（画面上または再度プリントアウト）
- ▷上記のレビューで再修正した点をもう一度確認
- ▷上記の赤ペン入り修正案との照合

修正案のレビュープロセスは重要。ここで手を抜かないこと

その際、複数の修正点の間に矛盾がないか、表現や用語の使い方にばらつきがないかについてもチェックする。

言うまでもないことだが、修正の過程で条項の追加や削除を行った場合には、条項番号や引用先の条項番号（「第3条で定めた〇〇」というように別の条項で引用されている場合）がずれるので、注意が必要だ。また、契約書の中で用語を定義した場合には、用語が定義の通りに正しく使われているかどうかもきちんと確認しておく。

この修正案をレビューする過程で、おかしいと思ったところや気づいた点があれば、再度赤ペンを入れる。それをもとにパソコン上で再修正案を作る。

③ 再修正案のレビュー

上記の再修正案ができ上がったら、再度レビューする。すなわち、赤ペン入りの修正案と再修正案のプリントアウトを照合しながら、あらためて②と同様の作業を行っていくわけである。その結果、何も問題がなければ第3フェーズの作業は完了となる。

この第3フェーズのプロセスで手抜きをすると、契約書の内容に不整合があったり、自社に不利益をもたらすものになったりしかねない。ことに、重要な契約については、慎重かつ念入りなレビューを行いたい。例えば、パソコン上で修正案を作り、完成したのが夜遅い時間であったときなどは、ひとまずプリントアウトしておき、翌朝、疲れのとれたフレッシュな頭でそれを読み直す、というような工夫をしてみるのも意外と効果的だ。

(4) 第4フェーズ：依頼者への回答

第4フェーズ（[図表9-4]）、すなわち最終フェーズでは依頼者への回答を行う。メールで回答する場合には、契約書の修正案をファイルで添付し、それに対する説明コメントを添えて依頼者に返す。

説明コメントでは、修正した理由や、修正点についてクライアントに考えてほしいこと、複数の修正案を示した場合には、その旨などを明らかにする。ワープロソフトのコメント機能などを使ってファイルにコメントを加えた場

> **図表9-4　第4フェーズ：依頼者への回答**
>
> **依頼者への説明コメントの作成**
> 　▷どんなことに説明コメントが必要か？
> 　　○修正理由、依頼部門に考えてほしい点、複数案がある場合、その他
>
> 　▷依頼者は誰か？
> 　　○依頼者のポジション・理解レベル
> 　　○「次の一手」を読む
>
> 　▷説明コメントの文章を簡潔に正しく書くことは当然
> 　▷必要に応じて口頭で補足
>
> **依頼者への回答**
> 　▷宛先(CC先)の確認
> 　▷添付ファイルの確認（ファイルを添付したか、添付したのは正しいファイルか）

合も、重要なコメントについては、クライアントが見落とさないよう、メール本文で補足・説明しておくことが望ましい。

　説明コメントの文章を正しく簡潔に書くことは言うまでもないが、どの程度までコメントで説明すべきかは、クライアントのポジションや理解度によって変わってくる。仮にクライアントが契約内容を十分に理解していないようであれば、より詳細な説明が必要となるだろう。説明コメントなどの文書の書き方については、次章（「**ビジネス文書（文書回答）の書き方**」）も併せて参照してほしい。

　なお、必要に応じて、口頭で補足することも検討する。クライアントから「すぐに修正案がほしい」と依頼されたような場合には、詳細な説明コメントを書く時間が限られるので、むしろ口頭での説明が中心になるはずだ。

　細かいことだが、回答をメールで行う際には、宛先やCC先が正しいか、修正案のファイルを添付したかどうかも、念のため確認する。何度も修正を重ねていると誤って古いバージョンのファイルを添付してしまうことがあるので、添付したファイルが最新のものかどうかもチェックしておきたい。

3 ｜ 契約書のルール

　契約書の修正やドラフトを行う際には、一般的な「契約書のルール」を守ることが求められる。契約書についてまとめられた書籍は書店に数多く並んでいるので、若手の法務担当者は、自分が最も使いやすいと思う1冊をデスクに備えておくとよいだろう。

　ここでは、参考までに、契約書を作成する際の主な注意事項と押さえておきたい契約書特有の言い回しを紹介する。

(1) 契約書作成時の注意事項

① 日本語の文法に忠実な読みやすい文章

　すべての基本として、契約書の文章は日本語の文法に忠実な読みやすい文章を書くように心がける必要がある。具体的には、以下の点を意識しておきたい。

- 主語と述語を対応させる。
- 主語を明確にする。

　　例えば、「本商品に瑕疵があった場合、修理または交換する」という文言の場合、その主語は、契約当事者のうちどちらかをはっきりと示さなければならない。あるいは、「本商品を指定場所に納入する」という場合であれば、納入する当事者を具体的に規定することはもちろん、どちらが場所を指定するのかについても明記しなければならない。

- 一文を長くしすぎない、一文に複数の内容を入れない。

　　特に、契約書に修正を入れた場合や、繰り返し交渉をして新しい内容を盛り込んだケースなどでは、一文が長くなる傾向があるので要注意である。

- 主語と述語はなるべく近づける。

　　主語と述語が遠い位置にあると、行為をなすべき主体が誰なのかがわかりにくくなる。読みやすい文章とするためにも、主語と述語はなるべく近い位置に配置する。

● 句読点を正しく打つ。

② 文体の統一
● 文体を「です・ます調」、「で・ある調」のいずれかに統一する。
● 用語を漢字かひらがなのいずれかに統一する。
　例えば、契約書でよく出てくる「および」、「または」などである。社内でビジネス文書の書き方を統一しているのであれば、それに従っておけばよいだろう。

③ 用語の定義
　契約書では、「本商品」や「秘密情報」などの用語について定義を行うことになる。用語の定義は、1つの条項で1つの用語に対して行う場合と、1つの条項で複数の用語に対して一括して行う場合とがある。後者の条項は「定義条項」と呼ばれている。M＆A契約のように定義しなければならない用語が多数あるときには、独立した定義条項を設ける方が、読みやすい契約書になるだろう。
　定義をわかりやすいものにすることは当然のことだが、他の意味合いで解釈されるおそれのある言葉や他の文脈で使用する言葉で定義しないように注意したい。例えば、売買契約書で売買の対象物を「製造物」と定義してしまうと、「製造物責任」の条項で法律用語として使用される「製造物」と区別できなくなるかもしれない。
　なお、当然のことながら、一度定義した用語は、契約書の中で一貫して使うことも重要である。

④ 権利と義務
　契約書では、権利と義務をしっかりと分けて書くことを意識しなければならない。義務の書き方としては、「……しなければならない」、「……してはならない」や「……する」、「……するものとする」などがある（「するものとする」を多用する契約書もあるが、筆者は多くの場合、「……する」と書

いておけば十分と考えている）。
　また、契約書は権利・義務の明確化を目的としたものであるので、その目的に適さないような表現は避けたい。例えば、「基本的に○○する」、「原則として○○する」という書き方をすると、「基本的ではない場合」や「原則でない場合」が想定されることになってしまい、権利・義務の内容が不明確になるだろう。原則ではない場合がどうしてもあるなら、それは例外として明記すべきである。

　⑤ 条項の追加や削除
　条項を追加・削除した場合は、それに応じて条項番号をずらさなければならない。「第○条に定める」というように契約書の別の条項内で引用している場合には、こちらも忘れずに、正しい条項番号に変更する必要がある。「第○条、第△条の規定は契約終了後も有効に残存する」というように、契約終了後の効力の残存について定めた、「効力残存条項」の中の条項番号も忘れずに修正する。

　⑥ 但し書きや例外
　④と関連するが、例外について定める必要がある場合には、別途、「ただし、○○の場合はこの限りではない」、「前項の規定にかかわらず、○○の場合は△△とする」などというように、但し書きや例外規定を明確に設けておく。

(2) 契約書特有の言い回し
　① (「章」)「条」「項」「号」
　契約書の区分は、「条」、「項」、「号」の順となっている。法律の条文も同様の形であり、それにならったものである。長い契約書の場合には、「条」の上に「章」を置くこともある。
　「項」については、次ページ右の例のように、「1項」の表記を省くことがある。かつての法律の条文が「1項」を省略していたので（最近の法律は省略していない）、やはりそれにならったものである。

また、章が置かれている場合、章が「第1章」、「第2章」と変わっても、「条」の番号は初めから終わりまで一続きで表される。例えば、「第1章」の最後が「第7条」であれば、「第2章」の最初は「第8条」となる。これに対して、「項」と「号」については、「第1条」、「第2条」あるいは「1項」、「2項」と変われば、そのたびに「第1条1項」、「第2条1項」あるいは「第1条1項1号」、「第1条2項1号」というように、あらためて1から始まる。これも法律の条文の並びにならったものだ。

② 「前条」「前二項」

「前条」は前の条文を引用した場合に、その引用した条文を表す用語である。一方、「前二項」は、1項、2項、3項と並んでいて、3項において「前二項の規定にかかわらず」というような形で1項、2項を引用するときに使う。この場合、条文では算用数字が使われているとしても、漢数字で「二」と記すのがルールになっている。

③ 「または」と「若しくは」（or）

いずれも英語の「or」にあたるが、「A若しくはBまたはC」という場合では、下の例のように、「若しくは」でつながるAとBを小さなつながり（or）として、「または」で続くCを大きなつながり（or）として読み取る、とルール化されている。

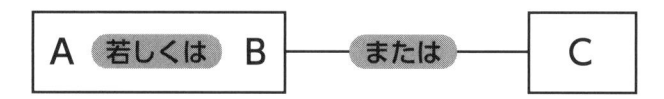

例えば、「小学校、中学校若しくは高等学校の校長または大学の学長」と

いう文言の場合には、以下のようなまとまりとして考えればよい。

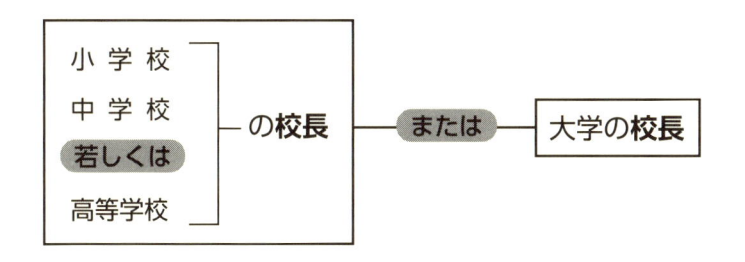

```
┌─────────┐
│ 小 学 校 ─┐│
│ 中 学 校  ││
│ 若しくは  ├ の校長 ─── または ─── 大学の校長
│ 高等学校 ─┘│
└─────────┘
```

④「および」と「ならびに」（and）

いずれも英語の「and」にあたるが、③と同様に、どちらが大きなつながりなのかを意識しなければならない。「AおよびBならびにC」という場合では、「および」が小さなつながり（and）で、「ならびに」が大きなつながり（and）となる。例えば、「法令および政令ならびに条約」などという使い方をする。考え方としては、以下のようになる。

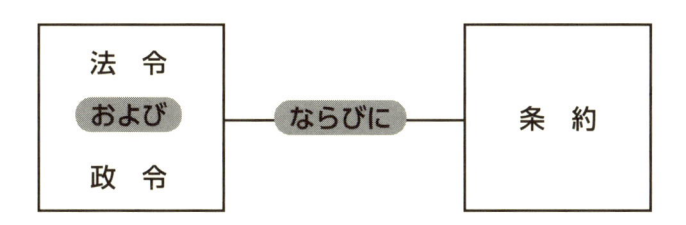

```
┌─────┐
│ 法 令 │
│ および ├── ならびに ──── 条 約
│ 政 令 │
└─────┘
```

条約は法令、政令とはやや趣を異にするので、「ならびに」でつなげられているわけである。

⑤「以上」と「こえる」、「以下」と「未満」

「以上」と「こえる」、「以下」「未満」の使い分けは一般の場合と同じである。「10以上」の場合は10を含むが、「10をこえる」は10を含まない。同様に「10以下」の場合は10を含むが、「10未満」は10を含まない。

⑥「直ちに」「遅滞なく」「速やかに」

いずれも、義務の履行などにおいて要求される速さの程度を示しているが、「直ちに」が最も速く、「速やかに」が最も緩やかであると考える。さらに具体的に言えば、「直ちに」はとにかくすぐに、「遅滞なく」は事情が許す限り最も早く、「速やかに」はできるだけ早くという意味合いで使い分けられる。

⑦「ないし」

日常用語においては、「ないし」は「若しくは」というニュアンスで使われているが、契約書では、「AないしB」という場合、「AからBまで」という意味を表している。例えば、「第5条1項ないし5項」は「第5条の1項から5項まで」という意味である。

⑧「時」「とき」「場合」

契約書において「時」は、ある時点（時期、時刻）をはっきりと示す場合に用いる。一方、「とき」は「場合」と同じ意味で使われる。

⑨「相手方」「他の当事者」「第三者」

「相手方」は、契約書中の相手方当事者という意味である。また、「第三者」は、契約当事者以外のすべての者を指す。A・B間の契約において、AにとってBは「相手方」、当事者ではないCは「第三者」となる。「他の当事者」という用語は、三者以上が当事者となる契約で用いられる。A・B・C間で契約を結んだ場合、Aにとって、B・Cは「他の当事者」となる。

契約書については、以上の一般的なルールの他に、会社独自のルールや方針がある場合が多い。契約書を書く際には、上司や先輩に会社としての決まり事の有無を事前に確認しておくとよいだろう。また、契約書作成および審査の際には、次ページの「契約書作成・審査のチェックリスト」（[図表10]）も参考にしていただきたい。

図表10　契約書作成・審査のチェックリスト

- [ ] 取引内容はビジュアライズできているか？
- [ ] 依頼者が何を望んでいるか、次にどうするつもりかわかっているか？
- [ ] 契約内容は理解できているか？
    - [ ] どの契約類型にあたるかがわかっているか？
    - [ ] その契約類型の典型的な論点はわかっているか？
- [ ] 契約書・修正案作成にあたって次の点を考慮しているか？
    - [ ] その取引におけるリスク
    - [ ] 問題の条項の重要性、現実的にどの程度の問題に発展しうるか
    - [ ] 相手方との力関係
    - [ ] その条項を「書かない」こととの比較
- [ ] 契約書・修正案作成にあたっては、1つの案だけでなく、他の可能性も考えて比較検討しているか？
- [ ] 作成した契約書・修正条項は、正しい文章となっているか？
    - [ ] 主語・述語の一致、定義の一貫した使用
    - [ ] 権利・義務の明確な表現
- [ ] 依頼者への回答文はわかりやすいものになっているか？
    - [ ] 結論は明確に、冒頭に記載
    - [ ] 依頼者の立場・理解レベルに合わせた表現
    - [ ] 日本語（英語）としての正確さ
    - [ ] 最後に誤字・脱字、添付ファイルに間違いのないことなどチェック

第4章 ビジネス文書（文書回答）の書き方

　第3章では、法務担当者が作成する文書の中でも、特に重要な契約書を取り上げた。もっとも、契約書の他にも相談・依頼への回答や報告書、議事録など、法務担当者は日々さまざまなビジネス文書を作成している。本章では、このようなビジネス文書全般に関して法務担当者が特に身につけておくべきスキルを解説していく。

1 │ ビジネス文書の鉄則

(1) 法務の業務とビジネス文書

　初めに、法務担当者はその業務の中で、契約書の他に、どのような場面で、どのようなビジネス文書を作成しているのかを概観しておこう。法務業務を行う中で、作成する機会の多い文書としては以下のようなものがある。

- ● 相談・依頼への回答

　そもそも、クライアントに契約書修正案をメールなどで送付するときには、修正案に「○○を△△に変えてはどうか」、「○○については事業部門でも確認してほしい」という注意書きを記載した文書を添えることが多い。契約案件以外の一般的な法律相談についても、通常、書面の形で回答することになるだろう。

- ● 報告書

　法務部を代表して会議に参加したり、法律事務所主催の研修に出席した場合などには、上司あるいは法務部向けに研修内容のレポートを作成することがある。

- ● 議事録

　法務部主催の会議や交渉相手方とのミーティングなどを行った場合には、議事録を作成することになるだろう。

- 弁護士への相談・依頼
  外部の弁護士に相談・依頼する際には、あらかじめ相談内容に関する文書を作成し、メールなどで送るはずだ。
- 会議などの招集、案内
  法務部主催の会議や研修を行う際に作成し配布する案内や招集通知もビジネス文書の1つである。
- 上司・関係者への説明
  自分の担当案件に関して上司や関係部門に進捗報告をする場合などにも、文書にまとめることが多い。
- 社内への通達など
  具体例としては、法改正に関する重要事項を社内に周知するために作成する文書などが挙げられる。

(2)【鉄則①】読み手に「解読」を強いてはならない

　このように、法務担当者は日々、多種多様なビジネス文書に接し、その多くを作成している。では、これらの文書を作成する際には、どのような点に注意し、どのような工夫を施すべきだろうか。具体的な解説に入る前に、法務担当者として心得ておかなければならない2つの鉄則を紹介する。

　第一の鉄則は、読み手に「解読」を強いてはならないということである。

　ただでさえ、法務部の作成する文書は、法的な要素を含んでいるため難しくなりがちである。その上さらに、読み手が一読して理解できず、何を書いているのか読み解くことが必要となるような文書を書くことは、絶対に避けなければならない。

　では、読み手に解読を強いるような文書とはどのようなものだろうか。具体的には、以下のようなものが挙げられる。

【読み手に「解読」を強いる文書の例】
- 自分の知らないことが難しく書かれている文書
  経験の少ない法務担当者には、ややもすればこのような文書を書く傾

向が見られる。法務の業務に携わる者であれば、論文・判例・専門書などで難解な文書の読解に苦労した経験があるだろう。そのときの自分が何を感じたかを思い出し、読み手の立場に立って考えてみることが大切だ。

- 論理的でなく、何を言いたいのかよくわからない文書

   書かれた内容が論理的でない文書は、読み手に苦痛を与える。このタイプの文書は、なぜそのような結論になるのかわからない、という場合も多い。

- 最後まで読まないと何を伝えようとしているのかわからない文書

   このような文書を読み進めていくと、じりじりとストレスが溜まってくるを感じるのは筆者だけではないはずだ。

- 文が長い、つながりが悪い、文法がおかしいなど、とにかく読みにくい文書

   さまざまな文書に精通しているはずの法務担当者が、一度でもこのようなものを書いてしまったら、クライアントに大きな不信感を抱かれてしまうだろう。

- 「事実」なのか「意見」なのか、はっきりしない文書

   書かれていることが客観的な「事実」なのか、それとも書き手の「意見」なのか、判断に迷うタイプの文書。まさに、読み手に解読を強いる文書の典型と言える。

法務担当者は、これらの文書とは正反対の文書、つまりクライアントが余計なことに悩まされずに読むことができ、かつ内容を十分に理解できる文書を書くことを心がけなければならない。

(3)【鉄則②】目的に合った文書を作成しなければならない

　第二の鉄則は、「目的に合った文書を作成しなければならない」ということである。そのためには、以下の点を具体的に考える必要がある。

- 読み手は誰か

　　読み手は法務相談に訪れた他部門のスタッフ、あるいは法務部の上司や同僚かもしれない。また、社外に出す文書である場合には、顧客、取引先、紛争相手が読み手となる可能性もあるだろう。株主総会の招集通知を作成する場合には、株主をはじめとする不特定多数の人が、訴訟関連の文書であれば裁判官が読むことを想定する必要がある。ビジネス文書は、具体的な読み手を想定することで、それに応じた書き方が定まってくる。報告書や業務マニュアルなどをまとめる場合には、将来の自分が読み手となるかもしれない。それぞれの読み手のニーズに応じた的確なビジネス文書の作成を心がけたい。

- どんな性質の文書か

　　クライアントからの相談に対する回答、弁護士への依頼文書、上司などへの報告書、取引先へのクレームあるいは受けたクレームへの回答、社外に発表する公式文書、裁判の証拠となりうる文書など、文書の性質を考慮しなければならない。それにより、作成する文書のトーンに違いが出てくるはずだ。

- どんな場面で読まれるか

　　その文書がどのような場面や状況で読まれるのか、しっかりとイメージを持って文書を作成する。紛争の相手方とやりとりする書面などの場合には、特に注意を払う必要がある。そのような文書は裁判で使われることも十分に想定して、慎重に作成しなければならない。

(4) 鉄則を守るための基本精神

 以上2点の鉄則を守るための基本精神として、常に、読み手の立場に自分を置いて考えることを徹底したい。それには、自分の考えや事実関係、またはその両方を、単純明快な短い言葉に要約して伝える工夫も必要となるだろう。このような基本精神は、法務担当者が作成するすべてのビジネス文書に共通して求められるものである。

2 | ビジネス文書の具体的な組み立て

(1) ビジネス文書組み立ての考え方

 続いて、ビジネス文書の組み立てのプロセスを見ていこう。

 [図表11] に示したように、法務担当者として、ビジネス文書を具体的に組み立てていくためには、まず、読み手に何を伝えたい（伝えなければならない）のかを明確にしなければならない。その上で、読み手がどの程度問題の背景・状況を把握し、どんな情報を求めているかを、理解・推察して、伝えるべきことをどのように構成していくかを考えていく。さらに、組み立てた構成をもとに、実際に文書としてどのように表現していくかが次のステッ

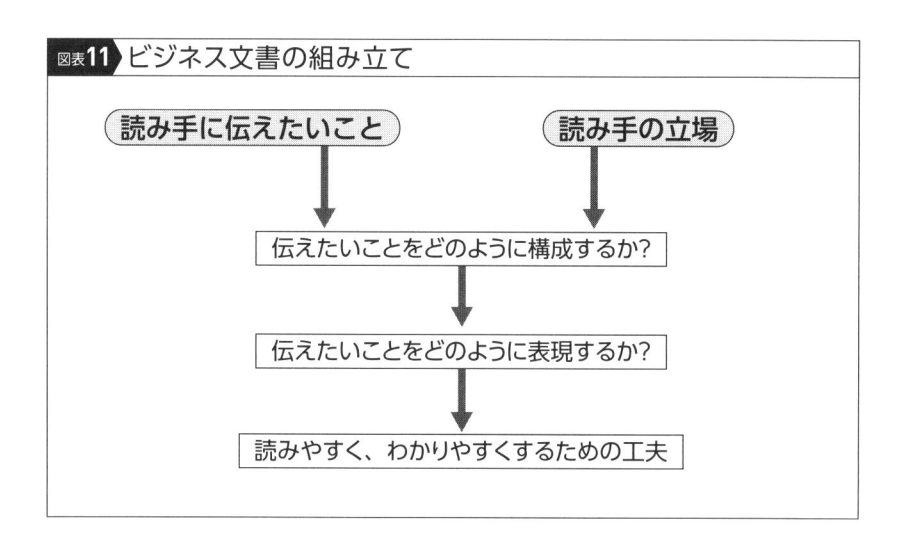

図表11 ビジネス文書の組み立て

```
┌─────────────────────┐      ┌─────────────────┐
│ 読み手に伝えたいこと │      │ 読み手の立場    │
└──────────┬──────────┘      └────────┬────────┘
           │                          │
           └─────────────┬────────────┘
                         ▼
         ┌───────────────────────────────┐
         │ 伝えたいことをどのように構成するか？ │
         └───────────────┬───────────────┘
                         ▼
         ┌───────────────────────────────┐
         │ 伝えたいことをどのように表現するか？ │
         └───────────────┬───────────────┘
                         ▼
         ┌─────────────────────────────────┐
         │ 読みやすく、わかりやすくするための工夫 │
         └─────────────────────────────────┘
```

プである。

　例えば、文書の内容について事前の知識を持たない読み手に対しては、ある程度詳細な説明が必要だろう（もっとも、文書の頭からこまごまと経緯を説明すべきでないと思われるような場合には、概要を冒頭で説明することなどを検討する）。

　あるいは、すでに問題の経緯を十分に了解している読み手であれば、その後の変化だけを伝える方が適切だろうし、トップへの報告文書であれば、長い文章を読む時間などないはずだから、最初の3行で問題の概要を把握できるように説明すべきである。

　このように、ビジネス文書は、相手に応じて伝えるべきことの構成方法が変わってくる。では、伝えたいことの構成方法と表現方法、さらに文書をわかりやすくする工夫について、これから順に解説していく。

（2）伝えたいことをどのように構成するか
　① 論理構成の基本、ピラミッドストラクチャー
　伝えたいことをどのように構成するかについては、一般的に［図表12-1］のようなピラミッドストラクチャーに従って構成するのがわかりやすいと言

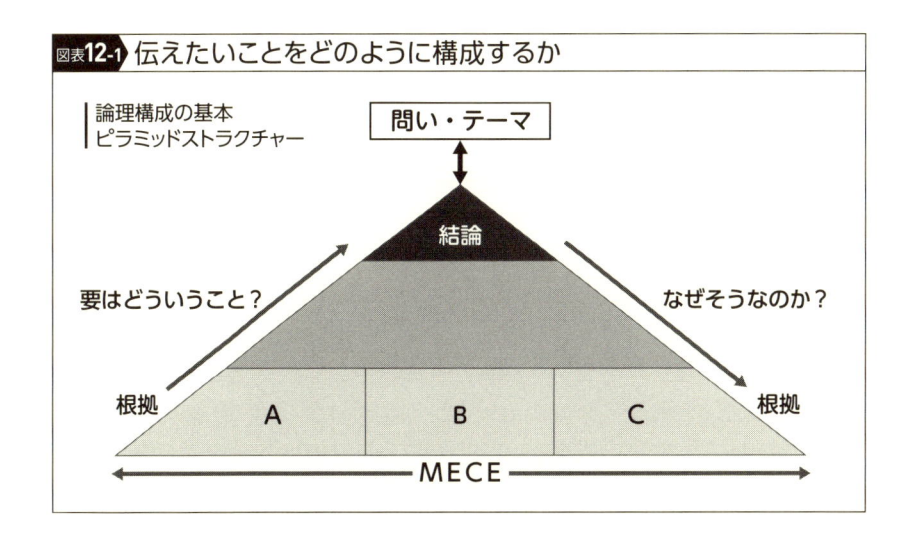

図表12-1　伝えたいことをどのように構成するか

論理構成の基本
ピラミッドストラクチャー

問い・テーマ

結論

要はどういうこと？　　　　なぜそうなのか？

根拠　　A　　B　　C　　根拠

MECE

われている。

　例えば、クライアントから「○○をしても法的に大丈夫でしょうか？」と相談を受けたとする（図中の「問い・テーマ」）。そのような問い・テーマに対して、「要はどういうこと？」に答える「結論」と「なぜそうなのか？」を明らかにする「根拠」を示すわけである。結論を「A案」、「B案」、「C案」と複数示す場合には、それぞれについて「理由1」、「理由2」、「理由3」というように根拠を述べる必要がある。

② MECE—論理的な整理のツール

　その際、根拠の挙げ方については、「MECE（ミーシー）」を意識しておくとよいだろう。MECEとは、Mutually Exclusive and Collectively Exhaustive（漏れなくだぶりなく）の略であり、要素分解やステップ分けなどの作業の際に、論理的な整理のツールとして使われる。

　例えば、喫茶店にいる客を分類する場合、「男性」と「子ども」に分類してしまうと、男性と子どもはだぶりうるし、しかも女性が漏れてしまう。また、「男性」と「40歳以上」という形で分類した場合にも、同様に漏れとだぶりが生じてしまうだろう。しかし、「男性」と「女性」に分類すれば、漏れもだぶりも生じない。これがMECEの基本的な考えである。

　あらゆるビジネス文書作成の場面で、MECEの方法論が通用するとは限らないかもしれない。だが、結論を示した上で、その根拠やメリット・デメリットを挙げる必要のある文書では、漏れやだぶりを防ぐために、MECEの考え方が大いに役立つはずだ。

③ 結論が先か、根拠が先か（[図表12-2]）

　文書を書く際には、結論と根拠のどちらを先に伝えるかが問題となるが、ビジネス文書では、原則として結論を先に書くことが望ましい。なぜなら、ビジネス文書はそもそも読み手自身がテーマを設定し、答を待っている場合や、案件の全体像を速やかに理解してもらいたい場合が多いからである。

　もっとも、書き手が自らテーマを設定した場合、書き手が読み手を説得し

図表12-2 結論が先か根拠が先か

結論を先に伝える
- 問い・テーマ
- 結論 → A B C
- ①読み手がテーマを設定し、答を待っている場合
- ②本論の全体像を速やかに理解してもらいたい場合

→ 大部分のビジネス文書はこちらのパターン

根拠を先に伝える
- 問い・テーマ
- 結論 ← A B C
- ①書き手が自らテーマ設定した場合
- ②結論に対する読み手の反発が予期される場合

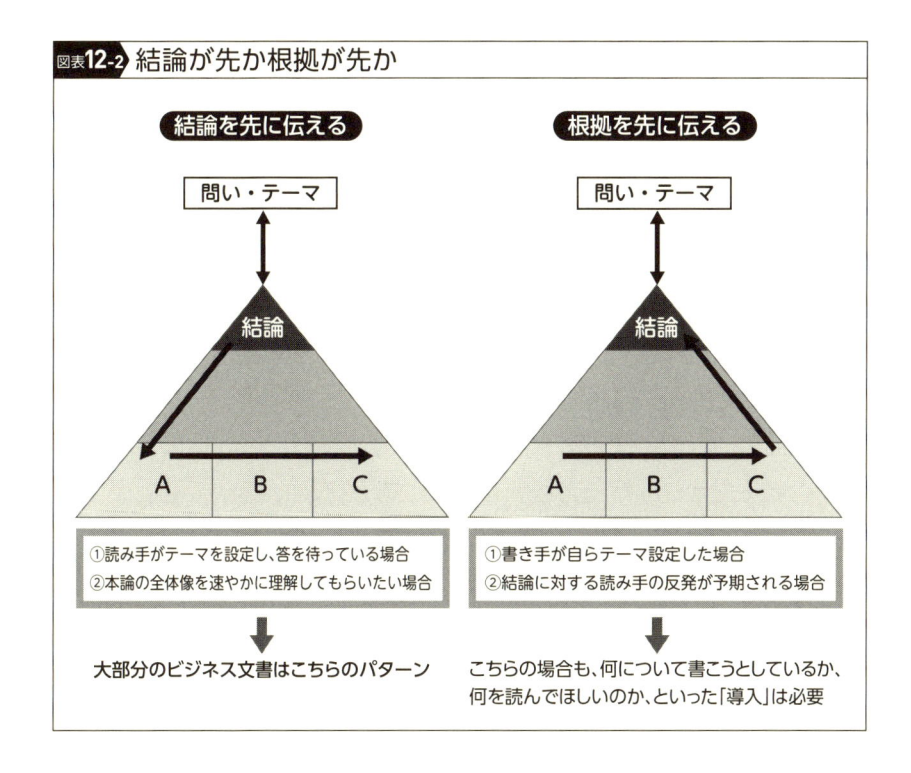

→ こちらの場合も、何について書こうとしているか、何を読んでほしいのか、といった「導入」は必要

たい場合には、結論よりも先に根拠を伝える方が得策な場合もある。例えば、法務業務の機能強化のために100万円の予算を確保したい場合、文書の冒頭で「100万円の予算を要求します」と書いても理解は得にくい。それよりは、「年々増加する契約審査と法務相談に素早く対応し、業務処理のスピードを高めるために、判例データベースを導入したいと考えています。そのために100万円の予算が必要となります」というように、まず根拠を示す方が説得力が増すはずだ。

あるいは、クライアントが計画するプロジェクトが法に反するおそれがあるような場合に、法務が「本プロジェクトの推進は法的に不可能である」と頭ごなしに書いてしまえば、クライアントから反感を持たれ、その先に示した根拠に目を通してもらえなくなる可能性もある。結論に対する読み手の反発が予期される場合は、「○○という法律があって……」などと先に根拠を

示した方が、ずっと受け入れられやすくなるだろう。

　以上のようなケースも想定されることから、法務担当者は、「結論が先」の書き方を基本としつつ、「根拠が先」の書き方も覚えておくことが望ましい。もっとも、その場合でも、冒頭にただ根拠を並べただけでは、読み手の理解は得られない。何について書いているのかは、初めに明確にしておかなければならない。100万円の予算の例で言えば、「法務部門の予算に関する相談があります」という内容を、冒頭で触れておくのである。

(3) 構成したことをどのように表現するのか

　伝えたいことを構成し終えたら、続いて、それを表現するための具体的な方法を検討していく。この作業は、次ページのビジネス文書の「基本ルール」と「シンプル化のノウハウ」を念頭に置きながら行うことを勧めたい。「基本ルール」は、文字通り、ビジネス文書を書く際に守らなければならないルールである。また、ビジネス文書はシンプルに書くことでわかりやすくなる。「シンプル化のノウハウ」はそのためのノウハウを示したものである。

基本ルール

☑ 誤字脱字は論外

パソコンを使った文書作成に、タイプミスや誤変換はつきものである。会社にとって重要度の高い文書を作成する場合には、他のスタッフにも協力を求め、複数の目で誤字脱字をチェックするようにしたい。文書を仕上げた当日ではなく、翌朝すっきりした頭で読み直したり、音読してチェックすることなども有効だ。

☑ 主語と述語の関係を明確にする

前章でも触れたように、主語と述語の位置をできるだけ近づける。述語が何を受けるのかがわかりにくい場合には、読点を打つなどの工夫が必要である。

☑ 複数の言葉を一語で受けるときは、その整合性を確認する

「A、B、C」という3つの事柄について並列に記載する場合には、「Aすること、Bすること、Cすることに注意」、「Aをしたり、Bをしたり、Cをしたりするときには」などというように、A、B、Cを受ける言葉を統一した方がわかりやすい。

☑ 主語は先頭に置く

主語と述語があまりに離れすぎている場合には、文章を2つに分割することを検討してみるとよい。

シンプル化のノウハウ

☑ 文章を短く切る

一文が長すぎると感じたら、文を2つに分割して接続詞でつなぐことを考えてみる。

☑ 原則として箇条書きにする

もっとも、社内の研修レポートなどで、箇条書きではなく文章で書くことを指示された場合などは別である。

☑ かっこ書きを活用する

弁護士は「〇〇」と言っている、などというように、かっこ書きを使えば文脈をシンプルに表現できる。

☑ 常に1枚に収められないか考える

読み手がプリントアウトして読むことを想定した文書の場合には、印刷時にできるだけ1枚に収まるように文書を工夫する。

☑ 別紙・別表を活用する

本文を補足するデータを、本文内に挿入すると読みにくくなることがある。そのような場合には、データ部分を別紙あるいは別表にする。

（4）読み手の立場に立つ

前述したように、ビジネス文書は読み手の立場になって作成しなければならない。読み手の立場を考えるにあたっては、次の点に留意したい。

① 文書の目的

読み手の承認、読み手の説得、読み手への情報提供、質問に対する回答など、その文書の目的を理解することで、読み手が文書に何を期待しているのかが見えてくるはずだ。

② 読み手の理解状況

案件に関してまったく知識を持たない人への報告、以前から相談を受けていた案件についての途中経過の報告など、個々のケースによって読み手の理解状況はさまざまである。

③ 読み手の好み

例えば、読み手が箇条書きを好むタイプなのか、それとも、きっちりとした文章で書かれたものを好むのか、という点である。読み手の好みに合わせることは、理解してもらいやすいことにつながる。不必要におもねる必要はないが、上司や重要な立場の相手が読み手であるなら、その好みに合わせておくに越したことはない。

④ 文書が読み手に与える印象

上記③にも関連するが、すべての文章を丁寧語で書いた場合と、冒頭に「以下、ご報告します」と記し、以降は丁寧語抜きの箇条書きで統一した場合などでは、文章が読み手に与える印象は大きく変わってくる。例えば、社外への謝罪文書であればすべて丁寧語の文章がふさわしく、部門内の報告書であれば読みやすい箇条書きがふさわしいだろう。

⑤ 読み手の必要情報レベルに合っているか

　読み手の理解度や求めているレベルによって、伝えるべき情報は異なってくる。読み手がすでに十分に承知している内容であれば、あらためて詳細に説明する必要はないだろう。また、結論の数字だけを見せるべきか、細かい数字の根拠まで示すべきかなども、読み手の必要とする情報のレベルに左右される。例えば、訴訟にかかる時間と費用を文書で伝えるケースでは、訴訟に深く関与する当事部門のスタッフに対しては数字に加えて、必要と思われる情報はすべて提供すべきだろうが、経営トップに対しては数字だけを伝えれば十分、という場面も多々あるだろう。

⑥ 1枚に収め、結論を先に

　上の立場にいる人は、下から上がってくるおびただしい量の文書に目を通さなければならない。そのような人に送る文書は、できるだけ1枚に収め、かつ、結論を先に示すことを通常以上に心がけたい。メールの場合であれば、画面をスクロールしなくても見える範囲に結論を書くことを意識する。

(5) 読みやすく、わかりやすくするための工夫

　ビジネス文書は、読みやすく、わかりやすいものでなければならない。これまで述べてきたことの繰り返しになる部分もあるが、そのための工夫として、下記の点に注意するとよいだろう。

① バランスのとれたレイアウト

　例えば、見出しに項目番号を振る場合は、同じ階層に「1、(2)、③」など、異なる書式を混在させず、「1、2、3」や「(1)、(2)、(3)」という具合に統一する。また、「1、2、3、」の見出しの下に「(1)、(2)、(3)」を置く場合は、「1、2、3、」の各項目の内容のレベルと「(1)、(2)、(3)」の内容のレベルを、それぞれ合わせておくことも重要である。

② 表題（タイトル）や見出しの明示

項目ごとに簡単な見出しをつける他、見出しにアンダーラインを引く、見出し語だけをゴシックにするなどの工夫が考えられる。

③ 箇条書きの活用

箇条書きの頭に記号を入れる、適度にスペースを空ける、段落を分ける、などの工夫を加えれば、さらに読みやすくなるだろう。

3 | 類型別文書作成のポイント

契約書以外に、特に法務部で作成する機会が多いビジネス文書としては、法務回答文書、依頼文書、報告書、議事録、法的主張文書が挙げられる。

それぞれの文書の性質や書かれる場面はまったく異なるので、法務担当者はその違いを意識して、書き方を適切に変える必要がある。ここでは、そのための指針となるよう、それぞれの文書の特徴、文書作成の心構え、具体的な書き方について解説していく。

(1) 法務回答文書

≪特徴≫

法務回答文書は、法務部への依頼案件に対する回答として作成する文書である。法務回答文書には次のような特徴があることを押さえておきたい。

① 法律的な要素を含むため、その中身については、基本的に読み手よりも書き手である法務担当者の方が知識を多く持っている。

② 法務担当者が一方的に作る文書ではなく、クライアントからの相談を受けて回答するための文書である。

③ 一法務担当者からの回答であっても、読み手は法務部としての回答として受け取る。

≪作成の心構え≫

　法務回答文書の作成の際には、これらの特徴への配慮が必要となる。まず、①については、法務担当者は読み手よりも知識があるために、つい難しい言葉を用いて難しく書きがちだ。そこを、相手の立場に立って、極力わかりやすく説明することが重要である。

　②については、クライアントの求めに応じて、適切な答を出すことを意識して書かなければならない。また、文書の最初の3行で「わけがわからない」と投げ出されたり、逆に最初の3行で「これでわかった、後は読まなくてもよいだろう」と早のみ込みされたりしないよう、読み手に最後まで読んでもらうための工夫を怠ってはならない。

　③については、常に法務部としての文書のクオリティが問われているという緊張感を持つ必要があるだろう。

書き方

☑ **先に結論を書く**

法務回答文書の基本は、「まず答」。結論を先に示すのが原則である。理由や補足事項については結論の後で説明する。事業部が予定しているプロジェクトのリスクと、それを避けるためにどのような選択肢について回答する場合であれば、初めにリスクの程度とリスク回避の選択肢があることを示し、その後、それぞれのリスクおよび選択肢に関して、より詳細な説明を加えるとよい。

☑ **難しい法律用語の使用を避ける**

法務担当者にとっては常識である「瑕疵担保」という用語にしても、経験の浅いクライアントの場合には、「これは『かひ』と読むのですか?」というところから聞いてくるかもしれない。そこで、相談の内容・性質などから、用語の厳密さが強く要求されていない場合には、「瑕疵担保」を「品質保証」に置き換えるなど、専門的な法律用語を極力使わず、より一般的でわかりやすい言葉を選択することを心がけたい。また、難しい法律用語の使用がどうしても避けられないときには、用語の意味・定義を丁寧に説明した上で用いるようにする。

☑ **クライアント側に判断してもらいたい点を明確にする**

依頼を受けた案件について、想定されるリスクに鑑みても事業上は実行した方がよいと判断できる場合や、複数の選択肢の中からクライアントに選択してもらう方が適切な場合には、法務部として譲れないポイントと、クライアントの判断に任せるポイントが明確になるように書き分ける必要がある。

☑ **主語・述語のつながり、誤字・脱字の有無を回答発信前に再確認する**

(2) 依頼文書

≪特徴≫

法務回答文書とは逆に、依頼文書は、弁護士に相談する場合など、法務部から何らかの「お願い」をする場合に作成する文書である。

依頼文書の目的は、こちらから読み手に依頼し、読み手に引き受けてもらうことにあり、そのために依頼内容を理解させることが大前提となる。その上で読み手に納得してもらい、実際に動いてもらうことが必要となる。

≪作成の心構え≫

依頼文書を書く際の心構えは、まず、相手が弁護士であれ、社内の他部門であれ、依頼を気持ちよく引き受けてもらえるようにすることである。また、依頼相手に何をしてほしいのかをはっきりさせることが大切だ。

書き方
☑ **案件の概要と依頼事項であることを伝える**
まず、案件の概要を示し、「疑問点についてご回答をいただきたい」などと依頼事項である旨を明らかにする。
☑ **依頼内容を正確に書く(必要に応じて、参考資料も添付する)**
具体的な依頼内容は、弁護士に他社事例について尋ねるケースや、経理部門に税務面のチェックを頼むケースなどさまざまである。
☑ **なぜその読み手に依頼しているのかを伝える**
「なぜあなたに依頼しているのか」を伝えることで、案件に対する相手の理解が深まるだけでなく、依頼を引き受けるモチベーションにもつながる。
☑ **「いつまでに」「何をしてほしいのか」を明確にする**
依頼文書の後半に置かれがちな項目なので、下線を引く、色を変えるなどの工夫をして強調する。
☑ **面談・電話でフォローする**
文書だけでは依頼内容が伝わりきらないときは、口頭で補足する。また、読み手が依頼を引き受けてくれたかどうかがはっきりしない場合にも、面談や電話などで直接確認する。

(3) 報告書

≪特徴≫

報告書は、法務担当者として自らが行ったこと、調べたこと、あるいはセミナーや会議などに出席して見聞きした内容の要点などを、読み手に伝えるために書かれる。読み手は、直属の上司や、関連の部門長などであることが多い。また、報告書には、そこに記録しておいた情報を、後日、自分あるいは同僚が利用するという側面もある。

≪作成の心構え≫

報告書作成の心構えとしては、読み手のニーズや知識レベルに合わせることが重要になる。例えば、あなたが社外で開かれたセミナーの要点を上司に報告しなければならないとしよう。上司がセミナーのテーマについては十分に知識を有してしているような場合には、そのセミナーが役立ったか、講師は優秀だったか、今後も参加する価値はあるか、などといった点、つまりセミナーの内容面よりクオリティについて知りたいのかもしれない。

また、報告書は、伝えたい内容について理解してもらうことを目的としているので、「要はどういうことなのか」を端的に示さなければならない。したがって、1から10まですべて書くのではなく、要点の取捨選択が大切になる。

書き方
☑ 読み手が何を求めているか、何を報告すべきかというストーリーを考える
☑ まず結論を述べ、その後に理由や詳細な説明を加える
☑ 「事実」と「意見・感想」を区別して書く
報告書では、最後に所見をまとめることが多いが、この場合も「事実」と「意見・感想」と分けて書くことを心がける。
☑ 記載は原則として箇条書きで、段落番号や段落記号をつける
☑ 見出しやアンダーラインなどで強調し、読みやすさを工夫する

(4) 議事録

≪特徴≫

議事録は、いわば会議の公式な記録であり、登記申請書類や訴訟などにおける法的な証拠として使われることもある。公式な記録であることから、会議の参加者以外の第三者が読むこともある。

また、株主総会議事録や取締役会議事録のように、法律上あるいは社内規則上、保存義務が課されているものもある。つまり、ある程度長い期間にわたって保管され、不特定多数の目に触れることが想定されているわけである。

≪作成の心構え≫

このような議事録の性質を踏まえると、何よりも正確に記載されることが重要となる。基本的には、「事実」のみを記載し、「意見・感想」は書かない。また、法務局の登記官などの第三者が読んでも、誤解されない文書を作成する必要がある。

書き方

☑ **定型書式のあるものは、書式に合わせる**

取締役会議事録や株主総会議事録などについては、定型書式が用意されている場合が多い。

☑ **会議の日時、場所、出席者、議題・議事の結論を記載する**

☑ **議事については途中経過でなく、結論を記載する**

原則として議論の経緯などについてではなく、会議で承認されたこと、決定されたことなどについて書く。

☑ **承認事項や合意事項について、条件付きの場合は、どの条件も併せて記載する**

☑ **出席者の押印の要否を考える**

例えば、取締役会議事録は、会社法上、出席取締役の押印が義務付けられている。また、交渉の際に議事録を作成した場合には、合意した事項について後で争われないようにするため、相手方の押印やサインを求めた方がよい。このように、法的必要性や証拠としての重要性などから、出席者に押印を求めるべきか否かを判断していく。

(5) 法的主張文書

≪特徴≫

　取引先や第三者に対して、自社の何らかの主張を伝える文書を本書では「法的主張文書」と呼ぶことにする。法的主張文書は、契約解除の通知や、特許権侵害行為の中止を求める警告書など、会社としての主張や立場を取引先や第三者に伝えることを目的としている。

　また、この文書の特徴として、読み手との間に対立点があり、法的紛争の可能性がある場合に作成することが多い。例えば、比較広告による宣伝を行ったところ、競合企業から「御社の広告表現によって、当社の商品が不当に貶められた」と抗議が寄せられ、それに対して「いや、そのような意図はなかった」と反論するような場合である。実際に法的紛争が起こったときに、法的主張文書は訴訟などにおける証拠として使われる可能性が少なくない。

　さらに、法的主張文書が作成される目的は、前述のような警告、他社への要求、条件交渉、自社の立場の説明、謝罪などさまざまだ。そのため、他のビジネス文書に比べて、作成の難易度は高いと言える。

≪作成の心構え≫

　まず、作成を依頼してきた事業部門と、読み手に伝えるストーリーを共有する必要がある。例えば、何らかの要求が目的であるならば、こちらの姿勢を強く伝える内容とするのか、あるいは、要求を突きつけながらも最終的には話し合いのテーブルにつかせることが本来の目的であれば、相手の立場に一定の理解を示す内容にするというようなことを検討していく。

　また、目的によって文書のトーンを変えることも意識する。警告を目的とする場合であれば、「1週間以内に中止しなければ、即刻、訴訟を起こす」などというように、トーンは強くなるだろう。一方、謝罪を目的とする場合であれば、自然とトーンは弱くなるはずだ。もっとも、下手に出すぎることを避けたいのであれば、微妙なトーンの調整が必要となるだろう。先の比較広告の例であれば、全面的に謝罪してしまうと、相手から広告の回収を要求されるおそれがあるので、「法律に違反しているという認識はありませんが、

誤解を招きかねないので、表現を変更します」という程度の調子に留めることなどが考えられる。

さらに、法的主張文書は、前述のように証拠として使われる可能性があることから、その点を十分に意識し、慎重に作成することが求められる。

書き方
☑ 箇条書きではなく、敬語を用いた文書を書く
報告書や議事録などとは違い、社外の相手へ送るものであることから、基本的には敬語を使い、丁寧な文書のフォームで書くことが望ましい（部分的に箇条書きを使うことは構わないだろう）。
☑ 警告・要求する文書の場合、要求する事項と実施の期限を明記する
要求したことを期限内に相手が行わない場合には、法的措置をとる旨を記載することもある。その場合の書きぶりを、「即刻、法的措置をとる」とするのか「法的措置を検討せざるを得ない」程度に留めておくのかは状況による。
☑ 謝罪する文書の場合、「（相手の）振り上げた拳を下ろさせる」ことを意図しながら、証拠として使われるリスクに配慮する
☑ 「文書によるケンカ」の側面はあるが、感情を抑え、冷静・客観的な文書とする

4 | 法務担当者にとっての文書作成

これまで見てきたように、法務業務は、契約書に始まり、社内の回答文書、報告書、議事録、法的主張文書、訴状、準備書面などに至るまで、非常にものを書くことが多い仕事だ。法務部の作成する文書に基づいてクライアントがアクションを起こす以上、法務担当者には何よりも正確な文書の作成が求められている。ドキュメンテーション（文書作成）能力とはいわば、法務担当者の生命線と言うべきものである。

ロジカルにストーリーを組み立てる力、読み手の立場で考える想像力、素早く正確に文章を書く力は、法務担当者が日々の業務をこなしていく上で、なくてはならないものである。文書作成能力の向上に関して、筆者は若い法務担当者たちに以下の3つの点を伝えている。

① ロジカルで質の高い文書を数多く読むこと

例えば、新聞記事やビジネス書などで論理性に優れたものや、あるいは上司や弁護士が作成した文書の中から非常に読みやすいと思ったものを参考にするとよい。

② 常に「考えて書く」こと

ただ漠然と文書を書くのではなく、常に、どのようなストーリーで書くか、読み手は何を求めているのか、読み手がどのような理解度にあるのか、などを意識しながら書く。

③ なぜ修正されたのかを考え、他の人の文書と比較する

若手の法務担当者であれば、OJTの中で自分の書いた文書を先輩や上司に修正されることが多いはずだ。そのような場合に、なぜ修正されたのか、あるいは上司や先輩たちが書いた文書と何が違うのかを常に比較して考えてみよう。文書を修正された意図がわからなかったら、ためらわずに質問してほしい。上司や先輩たちは丁寧に教えてくれるはずだ。

第5章 リーガルリサーチ

　法務部には日々、さまざまな依頼や相談が寄せられる。その中には、法務担当者の過去の経験に照らして、即座に回答できる案件もあるが、多くの場合は、過去の事例や関連法令などを調査し、アウトプットすることになる。本章では、法務担当者が具体的な答を出すために行うリーガルリサーチのノウハウなどについて解説していく。

1 | リーガルリサーチとは

　リーガルリサーチの定義と対象範囲については議論があるが、広義には、法的問題の解決のために、情報（事実関係を含む）を調査・分析することを指すことが多い。一方、狭義には、法的問題の解決のために、条文・判例・文献などを調査・分析することを指す場合もある。

　法務の実務においては、リーガルリサーチの定義に過度にこだわる必要はないが、一般に、リーガルリサーチというときは、狭義のそれを意味することが多いようだ。なお、広義のリーガルリサーチについて言うと、例えば、取引相手のウェブサイトで相手の会社について調べる、交渉相手の代理人を務める弁護士の所属や過去の取扱い案件を調べる、というような場合を含むことがある。

　法務部に配属されて間もない法務担当者の中には、リーガルリサーチをすればクライアントへの答が見つかると思っている者もいるようだが、それは正しい考えとは言えない。答とはリーガルリサーチによる調査と分析結果をもとにして、さらに自分の頭で練り上げ、導き出すものである。ごくまれに、リーガルリサーチのみで答が出てくるケースもあるが、「リーガルリサーチ＝答探し」と誤解してはならない。

2 | リーガルリサーチが必要な場面

　リーガルリサーチが必要となる業務の場面としては以下の3つの場合が考えられる。

① 個別案件対応
「自社ECサイトでこんなキャンペーンをやりたいが、法律上問題ないか」、「品質クレーム問題を起こした相手に、法的にどのような主張ができるか」といった、クライアントからの個別の相談に回答するための調査である。主として、法令上の規制や必要な手続、契約書などの文書の解釈、判例などの過去事例などを調べることになる。例えば、紛争の解決方法を探るようなケースでは、法的にどのような主張が可能か、訴訟で争った場合にどのような結果になりうるかなども調査する。このようなケースには、判例を調べる作業が欠かせない。

② 法改正対応
　法改正や新たな法律が制定された場合に、その内容を理解・分析し、会社としてとるべき必要な対応を検討するために行う調査である。ここ10年ほどは、この法改正対応に関する調査が法務部にとって非常に重要な業務となっている。個人情報保護法の制定や会社法の全面改正の際には、多くの企業が法務部を中心とするプロジェクトを組み、全社的な対応を行った。

③ 他社事例の調査
　自社が計画している新規事業や新たな経営上の施策などに関して、他社がすでにそれを行っていないか、あるいはどのように行ったかを調査する。

3 | リーガルリサーチの方法論

　リーガルリサーチが必要な場面は以上の3つの場面が想定されるが、法務

担当者の業務の中心となるのは、個別案件対応であろう。そこで、以下では個別案件対応を念頭に置き、リーガルリサーチの方法論、すなわち具体的な調査の仕方について見ていくことにする（法改正対応、他社事例の調査については本章4で解説する）。

(1) リーガルリサーチに使うメディア・情報源

まずリーガルリサーチに使うメディア・情報源としては、以下のようなものが挙げられる。

- 書籍
- 雑誌・新聞
- インターネット
- 有料データベース
- 弁護士などの外部専門家

最近では、まずインターネットで調べるのが主流だろう。また、企業法務の諸問題を扱う主な雑誌には『旬刊商事法務』（商事法務研究会）、『NBL』（商事法務）、『国際商事法務』（国際商事法研究所）、『ビジネスロー・ジャーナル』（レクシスネクシス・ジャパン）などが、主な有料データベースには「日経テレコン」（日本経済新聞デジタルメディア）の他、WESTLAW、LexisNexisなどが運営する各種製品がある。

(2) 各メディアに共通の方法論

リーガルリサーチにおいては、このように数あるメディアの中から、「これにあたれば、必ず何らかの手がかりを得られる」という、自分なりの情報源を持つことが大切である。調査の実務は、自分にとって使い勝手のよい情報源を利用し、まず「あたりをつける」ことから始めていく。

例えば、自社が、ある会社の買収を検討している場合には、まずは独占禁止法上の問題の有無を考えなければならない。このような案件が法務部に持ち込まれたら、法務担当者は次のような流れで、調査すべき項目のあたりをつけていくことになるだろう。

> 「買収に関しては、独占禁止法の届出という制度がある」
> ▼
> 「買収の結果、業界の競争が阻害されるかどうかがポイントになる」
> ▼
> 「つまり、重要なのはマーケットシェアである」
> ▼
> 「どのようにマーケットを定義し、マーケットシェアを調査するかが肝になる」

　このような観点であたりをつけた後は、詳細な調査を行っていく。後述するように、この詳細調査の段階では、なるべく法令などのオリジナルな資料にあたることが望ましい。

(3) あたりをつける段階

　あたりをつける段階では、具体的にどのような作業を行えばよいだろうか。
　まず、書籍や雑誌を利用する際には、初めに目次や索引を手がかりにするのが効率的だ。例えば、「新株予約権」について調べているなら、会社法の概説書などの索引で、「新株予約権」の項目を探すのである。索引を引く程度の作業でもやはり、初めて使う本よりは、普段から使い慣れた書籍や入門書を活用する方が、作業を迅速に行えるはずだ。そのような意味からも、自分にとって使いやすい情報源を用意しておきたい。
　次に、インターネットを利用する際には、キーワード検索であたりをつけることになる。一般的なキーワード検索のコツをいくつか挙げておく。

- なるべくユニークなキーワードを選ぶ。
  「個人情報保護法」について調べる場合に、「情報」というキーワードだけで検索をしても、ほしい情報を絞り込むことはできない。「個人情報保護法」と検索をかけて、初めて必要な情報が得られる。
- キーワードを長くする・増やすなどして絞り込む。
  　Ｍ＆Ａの際の独占禁止法に関する届出を例にすれば、「独占禁止法」＋「企業結合」＋「届出」というように、複数のキーワードで検索してみる。

- 除外するキーワード、期間の限定など検索オプションを活用する。

　特に最新の情報がほしいときは、「3ヵ月以内」、「6ヵ月以内」などと、できるだけ近い期間を指定して絞り込みを行うとよい。

(4) 詳細調査

　詳細調査の段階では、信頼に値するオリジナル資料を読み込むことが望ましい。例えば、法令・通達、官公庁のガイドライン、官公庁の公式発表、判例などの原文などである。法令に関しては、施行規則、告示の他、通達まで目を通さないと十分に理解できない場合も少なくない。

　官公庁のガイドラインや官公庁の発表については、各省庁のウェブサイトに掲載されていることが多い。例えば、公正取引委員会のウェブサイトでは、独占禁止法に関する各種ガイドラインや排除勧告などの摘発事例、企業結合を認めた事例なども示されており、大いに参考になる。このようなサイトは、いつでもチェックできるようにブックマークしておくことを勧める。

　判例については、有料データベースで詳細に確認できる。最近では、重要なものは最高裁判所のウェブサイトにも掲載されているので参考にしたい。もっとも、法務部で一から判例を調査するのは手間がかかるので、弁護士に依頼するケースもあるだろう。

4 │ 他のリーガルリサーチの場面

　リーガルリサーチが必要な場面には、以上に述べた個別案件対応の他、「法改正への対応」と「他社事例の調査」がある。それぞれの方法論についても見ておこう（前者については新規立法への対応も含まれるが、以下では法改正を前提に解説する）。

(1) 法改正への対応

　法改正への対応は、そもそも改正される法律を調べること自体よりも、法改正が自社にどのように影響するか、それに対してどのような対応をとるか

が目的となる。法改正に対応するためには、法改正の情報をキャッチし、内容を理解することが必要となる。

では、実際にはどのような情報源にあたればよいだろうか。

改正された法律の原文そのものが情報源となることは当然だが、法律が改正されるのを待っていては、実務面の対応が間に合わない。そのような場合に有効なのが、要綱や法律案、要綱案を利用することである。

法律が改正されるときには、実際の改正の前に法律の要綱と法律案、さらに要綱の案である要綱案が公表される。要綱案は、省庁のウェブサイトに掲載され、パブリックコメントに付されることになる。要綱や法律案についても、各省庁のウェブサイトや、衆議院、内閣法制局のウェブサイトで、その内容や審議の状況などを確認できる。

このように要綱、法律案、要綱案を調べることによって、改正法の内容を理解することが可能となる。なお、通常国会で成立した法律については、『旬刊商事法務』でまとめられているのでチェックしておくとよいだろう。

以上の他、法務部内で、各担当者が「定点観測」する担当雑誌を決めておき、法改正に関する情報を見つけたら共有し合うように決めておくことも有益である。新人法務担当者が『日経新聞』に目を通し、自社に関係のある法律関連記事をスクラップしている会社も多いと聞く。

最近では、法律事務所が発行するニュースレターで法改正に関する情報が提供されることもあり、これがなかなか貴重な情報源となる。重要な法改正があると、企業向けにセミナーを開催する法律事務所も少なくないので、そのようなセミナー情報についてもアンテナを張っておきたい。

(2) 他社事例の調査

合併、会社分割、新規のストックオプションの発行など、会社法上の重要な事項を自社で行う場合には、業務をスムーズに進めるために、他社事例を知ることが役に立つ。このような重要事項の情報については、上場会社であれば、証券取引所の適時開示規則で開示が義務付けられているので、事例の入手は比較的容易である。

例えば、合併の際に締結する合併契約や会社分割で作成する分割計画書で定める事項とスケジュール、自己株式取得のプロセスと発表方法、株式の記念配当などの事例については、他社の適時開示を調べることで、大きなヒントが得られるだろう。適時開示は、言うなれば他社事例の宝庫である。ぜひ、積極的に活用してほしい。

　適時開示事例は東京証券取引所など証券取引所のウェブサイトに掲載されている。だが、それらは各社のウェブサイトに掲載されている情報と同じものであり、また、証券取引所のウェブサイトは調べたい事項に関する情報をピンポイントで得られる仕組みにはなっていない。したがって、インターネットの検索エンジンを活用し、適時開示を行っている企業のウェブサイトに直接アクセスして必要な情報を入手する方が効率的である。自己株式取得の手続について知りたければ、「自己株式取得」＋「お知らせ」といった具体に、「調べたい事項」＋「お知らせ」というキーワードで検索すれば、お目当ての情報が記載された適時開示にたどり着くはずだ。

　本章の結びに代えて、筆者がリーガルリサーチの際に利用している書籍を、以下に挙げておく。いずれの書籍も各法分野における良書なので、参考になることと思う。

【参考】法分野別基本書の例
- 会社法　　　　　『会社法入門』（有斐閣）　前田庸／著
- 独占禁止法　　　『独占禁止法』（弘文堂）　村上政博／著
- 著作権法　　　　『著作権法』（有斐閣）　中山信弘／著
- 不正競争防止法　『不正競争法概説』（有斐閣）　田村善之／著
- 労働者派遣法　　『労働者派遣法の法律実務』（労働調査会）　安西愈／著
- 印紙税法　　　　『印紙税実務問答集』（税務研究会出版局）　小髙克巳／著

第6章 ミーティング・マネジメント

　法務業務の中で、とりわけコミュニケーション能力が問われるものに「ミーティング」と「交渉」がある。前者は主として社内、後者はもっぱら社外の人たちを相手に行うことになる。本章では、ミーティングを円滑に行うために必要な準備と心得、マネジメントスキルについて解説する。

1 | ミーティングの場面

　まず初めに、そもそもミーティングが、どのような場合に行われるのかを確認しておこう。法務担当者が関わる機会の多いミーティングの場面としては、以下のようなケースが挙げられる。

① 関係部門が集まり法律問題や紛争の対応策を決める場合

　例えば、自社が販売した商品に品質上の問題が発生し、顧客からクレームを受けたとする。このような場合、事業部門と品質保証部門、法務部がミーティングを行って対策を協議する、というのが典型的な初動対応となる。また、商品の問題の原因が他のメーカーから仕入れた部品にある場合には、部品の購入を担当した購買部門もこれに加わることになるだろう。このミーティングにおいては、顧客のクレームにどのように対応するかを検討する前提として、そもそも自社にどの程度責任があるかを見極めることが法務担当者の役割となる。

　また、訴訟や紛争となっている案件では、関係部門と法務部が頻繁にミーティングを持ち、次のステップへの対応、提出する証拠などについて詳細に打ち合わせることが必要になってくる。

② プロジェクトの進捗状況の共有・進め方などの打ち合わせ

　法務部も関与する社内プロジェクトについては、1〜2週間に1度程度の

頻度で、進捗状況を共有し、今後生じうる問題点のチェックのために事業部門などとミーティングを行う。例えば、M＆Aや海外での新会社設立、あるいはグループ会社の合併もしくは会社分割のような数ヵ月間にわたるプロジェクトでは、メールによる関係者間の進捗状況の共有に加え、関係部門と直接ミーティングを重ねる必要性が高くなる。

③ コンプライアンス関連の会議

ここ10年ほどは、コンプライアンスをテーマとする会議が特に増加している。「コンプライアンス委員会」、「企業倫理委員会」など名称はまちまちだが、現在は、多くの企業がコンプライアンス関連の委員会を設置しており、法務部がその事務局となって会議の運営・招集などを行う例も多い。

コンプライアンスとも関連するが、法改正への対応を決めるのための会議に関しても、法務部が主催することになるだろう。過去の例を挙げると、個人情報保護法制定の際には、個人情報を扱う機会が多い人事部門や営業部門と、会社法改正の際には、会社のガバナンスに関わることから、経理部門や経営企画部門、秘書室などと合同で会議が行われたのではないだろうか。

④ 取引相手など社外の人を含む会議

取引の相手方との契約内容の調整や、紛争相手との協議などである。これに関しては社外の人との交渉の色合いが濃くなるため、詳細は次章の「交渉」で解説することとしたい。

2 | ミーティングの準備

ミーティングの準備は、法務担当者の関わり方に応じて、「参加者としての準備」と「主催者としての準備」の2つに大別できる。ミーティングを円滑に行うためには、それぞれの違いを十分に意識して準備をする必要がある。それぞれのポイントを順に確認していこう。

(1) ミーティング参加者としての準備

① 会議のイメージを得るための事前シミュレーション

参加者としてミーティングに備える場合には、会議の性質や方向性を判断するために事前シミュレーションを行う。具体的には、何のための会議か、何を決めてどんなアウトプットが出るのか、法務部を代表して会議に出席する自分の役割は何か、などをイメージしてみるとよい。また、事前にミーティングの議題が知らされている場合には、自分が主張すべきことを頭の中で固めておく。

② 上司や他のメンバーの代理で出席する場合

上司や他のメンバーの代理として出席する場合には、法務部内での事前のすり合わせが必要となる。ミーティングで発言すべきこと、聞くべきことはもちろん、場合によっては「○○の話が出てきたら、その場で約束せず持ち帰るように」などと指示されることもあるだろう。

③ 事前配布資料の検討

当然のことながら、事前の配布資料があるときは、会議の前に読み、問題点などについて検討しておかなければならない。

④ ミーティング直前の確認事項

ミーティング直前まで目の前の業務に忙殺されていると、しばしば当たり前のことを見落としてしまうものである。上に挙げた内容と重複する点もあるが、ミーティング直前には次ページの[図表13]に挙げた項目を忘れずに確認しておきたい。

図表13　ミーティング直前の確認事項

- □ ミーティングの目的・目標・議題
- □ 前回のミーティング議事録
- □ 開始時刻・終了時刻
- □ ミーティング場所
- □ 参加者リスト
- □ 必要書類
- □ 発言すべき内容
- □ プレゼンテーション資料
- □ ミーティング中の連絡方法
- □ 緊急要件の処理方法
- □ ミーティング終了後の業務（ミーティング延長の可否）

(2) ミーティング主催者としての準備（[図表14] 参照）

① 何を議論し・何を決めるのかを明確化する

主催者として準備する場合には、まず何を議論し、何を決めるのかを明確にする必要がある。この点が明確になって初めて、そのために誰を集めるべきか、事前にどのような資料を配布すべきか、さらには参加者に事前に検討してもらう「宿題」を出すことが必要か、といったことが決まってくる。

② ミーティング参加者の分析

誰がミーティングに参加するかにより、準備すべきこととミーティングの進め方は変わりうる。したがって、ミーティングの主催者には参加者を十分に分析することが求められる。

参加者の数が少なければ、率直に意見を出し合えるよう、ミーティングの形式をカジュアルにすべきかもしれない。逆に参加者が多い場合には、必然的にある程度フォーマルなミーティングとなるだろう。そのときは、あなた自身が司会進行役を務める必要があるかもしれない。また、一方的な進行とならないように、質疑応答のセッションを設けることなども検討課題となる。

以上に加えて、参加者の所属部門やポジションの分析も重要である。例えば、各部門のトップが参加するのであれば、主催者である法務部としても、

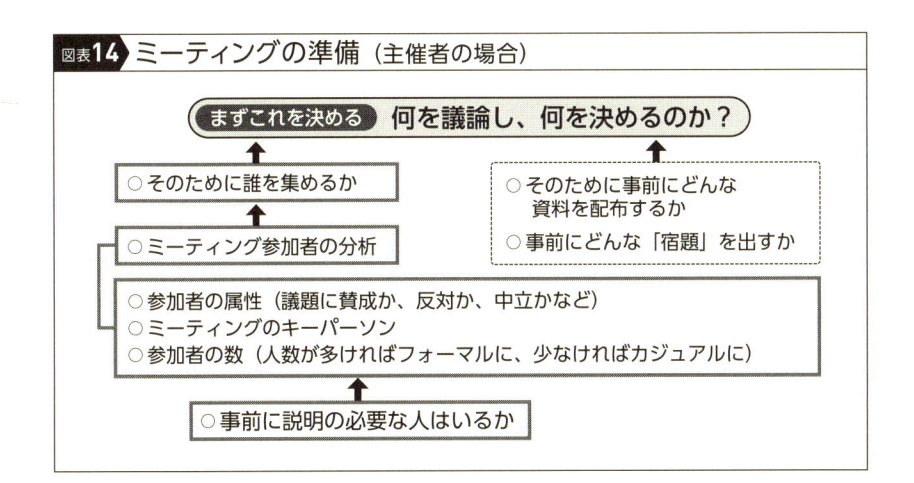

図表14 ミーティングの準備（主催者の場合）

```
        ┌─ まずこれを決める ─ 何を議論し、何を決めるのか？ ─┐
        ↑                                                    ↑
○そのために誰を集めるか          ○そのために事前にどんな
        ↑                         資料を配布するか
○ミーティング参加者の分析        ○事前にどんな「宿題」を出すか

○参加者の属性（議題に賛成か、反対か、中立かなど）
○ミーティングのキーパーソン
○参加者の数（人数が多ければフォーマルに、少なければカジュアルに）
        ↑
○事前に説明の必要な人はいるか
```

法務部長や担当役員に出席してもらい、ミーティングの冒頭でスピーチしてもらう段取りが必要となるかもしれない。

さらに、ミーティングの「キーパーソン」についても事前に判断しておきたい。プロジェクトの賛否を問うような重要な議題の場合には、否決される可能性についても考えておく必要がある。参加者の中に反対に回られると不都合な人がいるなら、個別に十分な事前説明を行うことも検討する。このような根回しをすることによって、何も決まらない非効率な会議の繰り返しを回避できるかもしれない。

③ ミーティングの物理的な準備

ミーティングを主催する場合には、もちろん物理的な準備が不可欠だ。具体的には、以下の項目に沿って準備を進めることになる。

☑ 会場の手配
参加者の人数に合わせて、適切な広さの会場を確保する。
☑ 開催案内の発信
開催案内には日時、場所、議題、出席者などについて記載する。会議の性質に応じて案内のフォーマットが決められている場合には、所定のフォーマットに従って作成する。
☑ 出欠確認
☑ ルームレイアウトの決定
[図表15] に示したようなレイアウトが考えられる。ミーティングの性質にもよるが、参加者が多い場合には、教室型や、口の字型を選択することになるだろう。活発な議論を引き出したいのであれば、円卓型やペンタゴン型を検討してみるのも面白い。対向型は交渉などの場面で使われるケースが多い。
☑ 機材セットアップ
パワーポイントなどでプレゼンテーションをする参加者がいるときには、ノートパソコンとプロジェクタの接続チェックを行っておく。また、近年はテレビ会議を活用する企業も多い。ミーティングに必要な機材のセットアップ方法は、事前に覚えておくべきだろう。
☑ ホワイトボードの確保とペンの確認（必要な場合）
☑ 配付資料の事前送付、当日使う資料のコピー、ホッチキスでの製本など

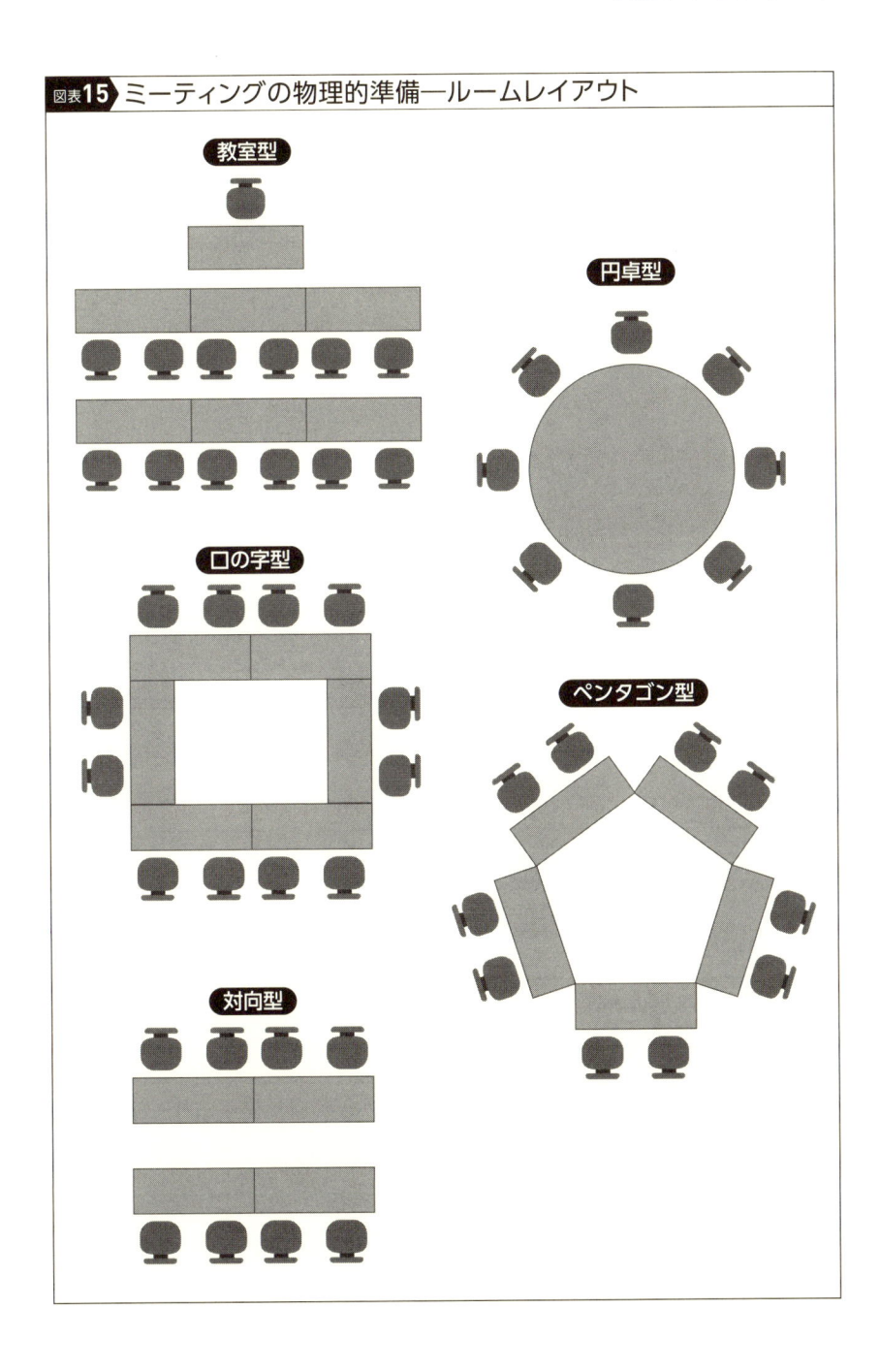

▶第6章 ミーティング・マネジメント

図表15 ミーティングの物理的準備—ルームレイアウト

教室型

円卓型

口の字型

ペンタゴン型

対向型

3 | ミーティング中の心得

以上のような準備を終え、実際にミーティングを行う段階では、どのような点に注意しておくべきだろうか。ミーティングの冒頭、途中、締めの各段階で心得ておくべきポイントについて順に見ていこう。

(1) ミーティングの冒頭

法務部が主催者である場合、ミーティングの冒頭の段階では、まず、場の雰囲気を和ませるために、アイスブレーキングの時間を設けることを検討してみてもよいだろう。例えば、初対面の人が多い会議であれば、各自に自己紹介してもらうのも1つの手である。

続けてアジェンダ（議題）を確認し、時間配分、終了予定時間のなどをアナウンスする。議題の数が多いミーティングでは、この段階で最低限どこまで終えたいかを伝えておくことが望ましい。もしあなたが参加者として出席したミーティングで、上記の事項が不明確であったなら、しっかりと確認しておくべきである。

(2) ミーティングで「聞く」心得

ミーティング開始後は、主催者あるいは参加者の立場から「聞く」もしくは「話す」ことになる。まず、「聞く」際の心得としては、以下のポイントに留意したい。

① 人の発言は「アクティブ」に聞く

「アクティブ」に聞くとはつまり、本筋から外れた枝葉末節な点は別として、重要な点でわからないことがあれば、そのままにせず質問する、あるいは意見や反論、対案を出す必要性の有無を考えながら聞くということである。また、「会議は踊る」と言われるように、ミーティングは、ときに横道にそれ、ときに堂々巡りを繰り返す。話が横道にそれていると感じたら、どのように軌道修正するかを考えながら聞くことも必要である。

②手元で要点をメモする

　メモをとっておけば、後にそれを見ることで、ミーティング中の参加者の発言内容と、それらが結論にどのような影響を与えたかが一目瞭然となるだろう。いわば、メモによって発言内容をビジュアル化しておくわけである。また、前述のように発言や話が横道にそれたときにも、メモを頼りにすれば、軌道修正することがより容易になるだろう。さらに、上司にミーティングの内容を報告する際の資料にもなる。

　ただし、会議は「書く」ことが目的ではない。メモは「アクティブに聞く」ことの補助ツール程度に考えておくのが適切である。書くことに没頭し、「聞く」ことがおろそかになっては本末転倒である（もちろん、主催者の一員として議事録を作成する場合には、「書く」ことが法務担当者の役割となる）。

(3) ミーティングで「話す」心得

　続いて、「話す」際の心得について見ていこう。初めに、法務担当者がミーティングで発言する場面として考えられる、主なパターンを確認する。

① 意見・見解を求められる場合

　ことに、法的問題が関わる対策会議などであれば、法務担当者は必ず意見や見解を求められる。具体的には、「○○の点については△△のように考えます」あるいは「○○については△△ですが、××については少々調査させていただきたい」などと発言することになるだろう。

② 会議の議論について対案や反論を示す場合

　これといった意見を求められないまま、ミーティングが不合理な結論に行き着いてしまいそうなときには、積極的に対案や反論を示すべきである。例えば、もっぱら企業が使うことを想定して製造した自社の商品を顧客が一般消費者に転売しようとしているようなケースで、営業部門が「お客さんには『大丈夫』と言ってしまえばいい」と主張したときに、「そうは言っても、企業であればしっかりとリスク管理ができますが、一般消費者の手に渡ったら

それは難しくなります。ここで安易に『大丈夫』と答えてしまえば我が社が保証したことになりますよ。もし、誤った使用方法によって一般消費者が損害を被るようなことがあれば、我が社が責任を負うことにもなりかねません。それは危険です」などと反論しなければならない。対案や反論を示すためには、しっかりと事前の準備をしておく必要があるだろう。

③ 複数の人の意見を集約して確認・提案する場合

法務担当者は、いわば顧客・消費者のように中立的な視点から、客観的に判断できる立場にいる。議論が錯綜し、話が迷走してきたと感じたら、出席者の複数の意見をまとめて「要はこういうことですね、そうすると、これからしなければならないのは……」などと、確認や提案をする役回りを務めることが望ましい。ちなみに、このような場合、筆者はしばしばおもむろに立ち上がり、確認・提案したい事項をホワイトボードにペンで書き出してみる。会議を前進させるための一工夫である。

④ 話が横道にそれたときに軌道修正する場合

話が横道にそれていると感じたら、「ちょっと話を戻しますが……」、「その詳細はまた別の機会に……」などと言いながら、軌道修正することもある。

このように法務担当者が発言する場面はさまざまだが、基本的な心得としては、ミーティングの目的や流れを意識すること、つまり「場」を読むことが大事となる。ミーティングで決めるべきテーマを常に意識しながら、法務担当者の立場から、自社の決定に貢献できるよう、適切かつ臨機応変な発言をするということである。

また、ミーティングに出ている以上は、言うべきことはしっかり言うのが基本である。上司や先輩から、「何もしゃべらずに聞いてくるだけでいい」と言われる場合があるかもしれないが、それはあくまでも例外だ。ただ遠慮がちに黙っているのであれば、そもそもあなたがミーティングに出席する必要はないのである。

(4) ミーティングの締め

ミーティングが締めの段階に入ったら、特に主催者の場合には、結論と未決事項を整理して出席者に伝える。次に、これらを前提として、「いつまでに」、「誰が」、「何を」しなければならないかを確認する。また、さらにミーティングを行う必要があれば、次回の開催日時を決定する。

ミーティング終了後は、主催者であれば、主催者の立場でミーティングを振り返り、漏れた事項の有無をチェックし、議事録の作成と配布を行う。一方、参加者として出席した場合には、上司や部門内関係者にミーティングの内容と結果を報告する。

なお、主催者としてミーティングの司会や議長を務めているときには、ミーティングが予定時間内に終わるよう心がけなければならない。そのためには、参加者のプレゼンテーションの時間を「10分以内に収めてください」などと、あらかじめ区切っておくことが必要だ。また、「時間が押しているので、このテーマに関する議論はここまでとして、次のテーマに進んでもよろしいでしょうか」などと、状況を見て臨機応変な対応をとることが求められる。ミーティングの重要度が高い場合には、出席者に確認した上で、時間を延長することも考えるべきだろう。

4 ミーティングのバリエーション

ミーティングの形式は、目的や態様などに応じてさまざまなバリエーションがある。本章の締めくくりとして、その中から、特別な注意が必要とされる、アイディア出し、電話会議、弁護士など社外の人も交えた会議、上司と一緒に出席する場合を取り上げ、それらのポイントについて解説しておきたい。

(1) アイディア出し（ブレインストーミング）

インフォーマルな形でアイディア出しをする場合、いわゆる「ブレインストーミング」である。アイディア出しの席では、仕切り役の存在が非常に重要になる。法務担当者であるあなたが仕切り役を務める場合には、「どのよ

うにまとめるか」を考えながら、出席者からアイディアを引き出していきたい。

アイディア出しは、「アイディアを出す」段階と「取捨選択してまとめる」段階に分けられるが、一般にブレインストーミングと言われるのは前者を指す。

「アイディアを出す」段階では、何よりも自由に発言することが重要になる。結論を求めず、その実現可能性を強く要求しないこと、他の参加者の発言を否定しないことが鉄則である。

また、言いっ放しにならないよう、アイディアや意見は「見える」状態にしておきたい。ホワイトボードなどに参加者の発言を書き込んでいく、あるいは各自に付箋を渡して意見を書き留めてもらい、いっせいにグルーピングする、といった方法も効果的である。

自由に発言を出させつつ、「見える」状態にまとめていくという点で進行役の重要度が高い。

(2) 電話会議

電話会議（あるいはテレビ会議）は近年、多くの会社で一般化しつつあるが、通常の会議と異なる注意点がある。

まず、多くの参加者を同時につなぐ場合には、誰が話しているのかわからなくなるおそれがある。そこで、「〇〇ですが、よろしいでしょうか」といった具合に、発言前に自分の名前を名乗ることを、発言者に徹底してもらうのが望ましい。

また、会議が始まる前に「東京は誰と誰が参加しています。上海は聞こえていますか？ インドはどうですか？」などと、誰が会議に参加しているのか、あるいは他の参加者の声がしっかりと聞こえているかを確認することも大切だ。

さらに、別の参加者に意見を求める場合には、誰に尋ねているのかを明確にしなければならない。「上海の〇〇さん、この点いかがですか？」というように、相手の名前を言わないと、相手は自分が尋ねられていることに気づ

かないかもしれない。

対面式のミーティングと違い参加者の反応が読み取りにくいので、「これでよろしいでしょうか」、「わかりましたか？」などと、参加者がこちらの発言内容を理解しているかどうかをこまめに確認するようにしたい。

(3) 弁護士など社外の人も交えた会議

社外から人を招いて会議に出席してもらう場合には、相手に期待する役割と発言してもらいたい内容を、事前に伝えておくことが重要である。会社の場所の案内や、受付への事前の連絡、ドリンクの用意などの準備も必要となるだろう。

(4) 上司と一緒に出席する場合

法務担当者としての経験がまだ少ないときには、上司とともにミーティングに出席する機会が多いだろう。その場合には、ミーティングにおける自らの役割を事前に上司に確認しておきたい。

その際、「話はせずにメモをとっておけばよい」、「場合によっては軌道修正するから、どんどん発言してくれ」などと、上司から指示を受けることもあるだろう。あるいは「基本的には私が対応するが、細かい点についてはサポートをよろしく」などと言われる場合もあるかもしれない。そのようなときには、あなたは各種資料を取りそろえ、上司以上に準備をして、ミーティングの議題に関わるあらゆる状況に対応できるようにしておかなければならない。そもそも上司は、その役割を期待してあなたをミーティングに同席させるのである。

第7章 交 渉

　前章ではミーティングのスキルについて解説した。交渉もミーティングのバリエーションの1つと言えるが、主として社外の人間を相手に会社の利害を代表して行うことなどから、特別な対応と配慮が求められる。本章では、交渉一般の意味や類型などを説明し、近年の企業法務担当者に不可欠な能力である、契約交渉スキルについて解説する。

1 ｜ 交渉概論

(1) 交渉とは

　まず、そもそも交渉とは何かを確認しておこう。交渉とは、一般に、以下のような状況・条件のもとに行われることになる。

- 2以上の当事者がいる。
- 当事者の間で利害の対立が存在する。
- 相手方のオファー以上のものを求めて交渉しようとする意図がある。
- 当事者間で合意を求める気持ちがある。
- 当事者はギブ&テイクを想定している。

　また、交渉においては、「有形のもの」と「無形のもの」の両方を扱うことが必要になる。「有形のもの」とは、商品の値段や損害賠償の金額などのように、数字などによって具体的に表すことができるものである。一方、「無形のもの」とは、相手のプライドや「これを先例にしてしまうと、後々まずいことになりかねない」といった意識や、「今回は相手の顔を立てておいて、次回によりよい条件を引き出そう」などといった心理的な事柄を挙げることができる。

　交渉とは、ある種の対立を解決するプロセスであり、それを成功させるために最も重要となるのは、準備である。交渉から満足な結果を引き出すためには、ミーティング以上に準備のプロセスに力点を置くことが求められるの

である。

(2) BATNAとは

　世の中には数えきれないほどの「交渉論」があるが、法務担当者の立場で相手方と交渉する際に、ぜひ覚えておきたい言葉の1つに「BATNA（バトナ）」というものがある。これは「Best Alternative to a Negotiated Agreement」の略で、「交渉決裂時の次善のオプション」を意味している。

　例えば、何らかのトラブルの解決のために、直接相手方と話し合うことになったとする。この交渉におけるBATNAは「訴訟」である。訴訟という次善のオプションを用意することによって、訴訟で争った場合の勝ち目や、要する時間とコストを検討することができるし、「相手の要求を丸のみするよりは、訴訟で争った方が得ではないか」などと、合理的に判断することが可能になるわけである。

　また、契約交渉が行き詰まった場合のBATNAとは、「契約書なしの取引」、つまり、強いて契約の締結を求めずに取引すること、となるかもしれない。あるいは、商品の購入に関して相手方と条件が折り合わない場合には、「他社からの購入」がBATNAとなるだろう。

　交渉のあらゆる場面で、常にBATNAが存在するとは限らないが、BATNAを意識することは、法務担当者が交渉に関わる際の立脚点となるだろう。ことに、後ほど解説する対立型交渉においては、BATNAこそが力の源泉となるはずだ。

(3) 交渉の基本スタンス

　交渉においては、その基本スタンスをどこに置くのかも重要となる。その際に考慮すべきことは、「取引の中身の重要性」と相手方との「関係の重要性」である。

　[図表16]を見てもらいたい。取引の中身の重要性という横軸と、相手方との関係の重要性という縦軸がある。中身の重要性が高い（YES）か、低い（NO）か、関係の重要性が高い（YES）か、低い（NO）かにより、4つの

図表16　当初の基本スタンスの選定

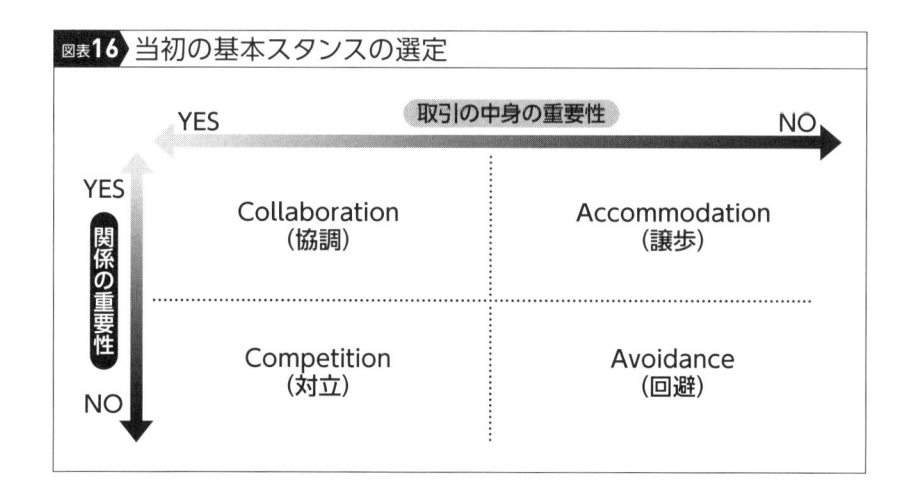

	取引の中身の重要性 YES	取引の中身の重要性 NO
関係の重要性 YES	Collaboration（協調）	Accommodation（譲歩）
関係の重要性 NO	Competition（対立）	Avoidance（回避）

象限に分かれている。図表が示すように、まず、関係の重要性が低く、中身の重要性も低ければ、交渉の必要性は高くない。すなわち、この場合には、交渉を回避するという判断が合理的と言える。

では、関係の重要性が高く、中身の重要性が低い、といった状況ではどうか。この場合には、好きな女性を食事に誘い承諾を得た場面をイメージしてみるとわかりやすい。この状況では、中身の重要性、すなわち「中華料理にするか、それともフランス料理にするか」は二の次である。たとえ自分は中華料理が好みであっても、女性が「フランス料理が食べたい」と言うのであれば、おそらくあなたは譲歩するはずだ。これは、企業間の交渉についても同様に考えることができるだろう（デートほど極端な譲歩はしないかもしれないが）。

では、関係の重要性が低く、中身の重要性が高い場合はどうか。マイホームの購入を例にすれば、売り手である不動産会社にどれほど嫌われようとも、買い手であるあなたにとっては、家の値段を少しでも安くしてもらうことの方がはるかに重要な問題であるはずだ。このような場合には、対立型の交渉となる。

最後に、関係の重要性と中身の重要性がいずれも高い場合について考えてみる。この典型例としては、継続的な取引相手との間にトラブルが起きたよ

うなケースや、他社と合弁会社を設立して新規事業を立ち上げるケースなどがある。相手と良好な関係を保つことが重要で、取引や新規事業の中身も重要、という状況である。一般的にこのような場合では、交渉の当事者双方が納得できるよう、協調型の交渉を志向することになる。

　以上の4つのうち、自社のスタンスをどこに置くべきかを選定できなければ、交渉を適切に進めることはできない。せっかくデートにこぎつけたのにもかかわらず、フランス料理を食べたいと言う女性に対して、あなたがあくまで中華料理を主張しているようであれば、それ以上の成果はおそらく期待できない。交渉から自社にとって望ましい結果を得るためには、交渉の基本スタンスを常に意識しておく必要がある。

2 │ 協調型交渉──4つのステップ

　交渉を回避、あるいは譲歩するのでなければ、[図表16]で示したように、協調型交渉と対立型交渉のいずれかを選択することになる。では、それぞれの交渉は具体的にどのように進めればよいだろうか。まずは、協調型交渉のポイントから見ていくことにしよう。

　協調型交渉は、交渉論の名著であり世界的なベストセラーとなった『ハーバード流交渉術』(三笠書房)で紹介され、広く知られることとなった(同書は交渉の基礎を学ぶ上で非常に有益なので一読を勧めたい)。そのステップは、「問題を特定する」、「問題を十分に理解する」、「解決の選択肢を設定する」、「解決案を評価・選択する」の4つに分けられる。以下、順に解説していく。

(1) 問題を特定する

　第1のステップでは、まず「問題」を双方が合意できる形で定義する。そもそも、何が問題なのか、すなわち何について利害が対立し交渉が必要なのか、という点に関して合意が存在しなければ、話を進めることはできない。品質クレームを巡る交渉を例にとれば、「商品の回収・修理方法」、「損害賠

償の額」などが問題として特定されることになるだろう。

　次に、その問題を「ゴール」として表現する。すなわち、問題をあくまでも解決すべきものとしてとらえるのである。上記の品質クレームのケースであれば、商品の回収・修理をどのように行うのか、そのコスト負担をどのように分担するのかといった問題を解決できればよいはずだ。そのための具体的な方法を見つけることが達成すべき「ゴール」となる。

　また、問題を特定する段階では、「人」と「問題」とを分離することも重要となる。すなわち、「人」は交渉する相手であり「問題」は交渉すべき内容であること、「人」が「問題」なのではないということを十分に理解しておく必要がある。品質クレームの例に即して言えば、設計者が問題を起こしたとしても、設計者が「問題」となるわけではない。交渉においては、誰が問題を起こしたかではなく、品質クレームの原因となった商品をどう処理するのかが「問題」となるのである（営業部門のスタッフが「俺の顔がつぶされた」といきり立ったとしても、「俺の顔」は「問題」にはならない）。

　このように、「人」と「問題」を分離し、「問題」を「ゴール」として定義することによって、問題を特定することが協調型交渉のスタートとなる。なお、問題解決の選択肢の検討については、また下記（3）以降で解決する。

(2) 問題を十分に理解する

　第2のステップでは、特定された問題を十分に理解するための作業を行う。

　十分に理解するためには、「立場」よりもむしろ、「利害」に焦点を合わせることが必要となるだろう。「立場」とは、当事者が差し当たり主張している結論、もしくは達した結論であり、「利害」とは、結論を導き出した原因である。

　品質クレームのケースで言えば、「問題の原因を作った側が回収や交換の費用をすべて負担すべきだ」というのが1つの「立場」である。その一方には、「回収・交換の費用をすべて負担することはできない」という「立場」もありうるわけだ。この場合の「利害」には、「回収・交換しろと言われても、コストや期間によってはそう簡単にはできない」ということなどが考えられ

るだろう。

　また、契約交渉の場では、「この契約の品質保証の条項に反対だ」というのが「立場」であり、「品質保証期間があまりに長く、この商品の耐用期間を考えると当社に不利である」という反対の理由や背景が「利害」ということになる。

　利害とは複雑なものであり、そこでは、問題そのものに加えて、プロセスや人間関係、原理原則などさまざまな要素が絡み合っている。先ほどの「回収・交換しろと言われてもそう簡単にはできない」という利害にしても、そもそも物理的に交換が難しい、あるいは工場のラインの都合で日曜日にしか作業ができない、もしくは工場の施設管理者の説得に骨が折れる、など多岐にわたる理由がありうる。

　このように複雑な問題を十分に理解するためには、種々雑多な利害の中で、自社あるいは相手方にとって、どの利害が重要なのかを検討することが求められる。例えば、商品の回収・修理のコストをどちらが負担すべきか、という問題に関して言えば、相手方が、コストをできるだけ抑えることを重要な利害ととらえているなら、回収・修理に必要な人員を自社から派遣することを提案すれば、交渉がうまくまとまるかもしれない。

　なお、利害は時間によって変化する場合があることに注意しておく必要がある。例えば、M＆Aの交渉では、以下の①〜③の流れをたどる中で、そのような変化が起こりがちである。

① LOI交渉段階
② デューデリジェンス後
③ 最終契約の詳細交渉

　①の段階では、まだ契約がまとまるかどうかわからない状態で、売り手も買い手も互いに半信半疑のスタンスで交渉に臨んでいる。だが、②のデューデリジェンスを経て買収価格が具体的に決まってくると、売り手側は「売ると決めた以上、何とかまとめなければ……」という利害を強く意識す

るようになる。

特に、デューデリジェンスに売り手側の社員が相当程度関与しており、自社の売却の意向が社内に広まっているような場合には、話をまとめなければ、その後の会社の運営が難しくなるだろう。そのため、売却の成立に対する売り手側の利害はより強くなるはずだ。

(3) 解決の選択肢を設定する

第3のステップでは、問題と利害関係が明らかになったことを前提として、問題の解決案を探っていく。

解決案を探る上では、いわゆる「ゼロサムゲーム」を避けることが重要となる。多少きれいごとに聞こえるかもしれないが、これに関するわかりやすいたとえ話を1つ紹介しよう。

2人の姉妹が1つのオレンジを取り合っていた。最終的に姉妹は、オレンジを半分に切って2つに分けることにしたのだが、実は、姉はオレンジジュースを、妹はマーマレードジャムを作りたかった、という話である。つまり、最初に姉がオレンジを絞ってジュースを作り、妹が残った皮でマーマレードジャムを作ることが、両者を最も満足させる解決案だった、というわけだ。オレンジをわざわざ半分に分ける必要はなかったのである。

このように、交渉においては、両者にとって最も望ましい解決案が存在しうるのである。例えば、B社を経てユーザーのもとに渡ったA社の製品に品質クレーム問題が生じた場合、A社には「支払う損害賠償の額をあまり大きくしたくない」という思惑が、B社には「A社から技術者を派遣してもらえれば修理コストを下げられるし、今後のユーザーとの関係にもいい影響を与えるかもしれない」という思惑があるような状況であれば、A社から技術者を派遣してもらうことが、最良の解決方法となるに違いない。

両者にとって最も望ましい解決案には、「全体のパイを大きくする」という方法もある。他社と進めていた合弁会社設立の交渉が、些細な問題のために停滞してしまったようなケースでは、「当初はシンガポールのみでの事業展開を考えていましたが、この際、東南アジア全体をカバーする会社にしま

せんか」などと、両者の利益を拡大させる方向に話を向けることが、交渉進展の起爆剤となるかもしれない。

　また、しばしば言われることではあるが、交渉の場面においては、常にギブ＆テイクの可能性を考慮の外に追いやってはならない。その具体的なバリエーションとして、「今回は譲ってください。次の機会はこちらが譲りますから」というように、不特定の時点における見返りを約束することも、1つの有効な解決案である。

　さらに、より実行しやすい方法はないか、より実行のコストが低い方法はないかを考えてみるのも有益だろう。品質クレーム問題であれば、「修理するよりも取り換える方が早い」、さらには「クレーム品を送ってもらい、修理して再利用すれば、いくらかコストを回収できる」というような場合も想定できる。

　その他には、合意範囲を変えることも検討してみたい。例えば、種々雑多な要素が込み入っているために決着がつかないのであれば、より狭い範囲に話を限定して、交渉を進めることを提案してみるのである。システム開発プロジェクトをいくつかのフェーズに分け、まず第1フェーズについて合意する、といった形である。

　解決案を模索する際には、よりよいアイディアを出すために積極的にブレインストーミングを行うことが望ましい。ブレインストーミングを、あえて交渉相手と行ってみるのも面白い。「今日この席で出た案や意見は拘束力を持たない、ということにしましょう」などと約束し、ホワイトボードの前で双方のスタッフが一緒になってアイディアを出し合うのである。

（4）解決案を評価・選択する

　第4のステップでは、第3ステップで導き出された解決案を評価・選択し、問題に決着をつけていく。すなわち、問題の解決案に関して相手の合意を得るわけである。このステップを適切に進める上では、以下の点がポイントとなる。

① 評価基準を事前合意する

　これによって、解決案の評価作業を円滑に行うことが可能になる。その際、基準が客観的なものであることを強調しておけば、さらに合意が得やすくなるだろう。商品の価格あるいはテナントの賃料などを巡る問題の解決案を評価する場合であれば、価格あるいは賃料の上げ方について消費者物価指数に連動させてあること、その種の取引における一般的な相場に基づいて、賃料を定めたことなどを明確にしておくのである。

② **無形のものの影響に留意する**

　本章1 (1) で解説した「無形のもの（感情などの要素）」がもたらす影響が、解決案の評価と選択に影響することも十分に意識しておきたい。その解決案を選ぶことによって「相手の顔が立つ」、あるいは「社内的な説得性が増す」というような理由であっても、解決案の評価・選択の重要な基準となりうるのである。

③ 頭を冷やす時間を設ける

　評価と選択の作業を冷静に行うためには、「ランチブレークをしてから議論をしましょう」などというように、頭を冷やす時間を設けることを検討してみてもよい。

④ 複数の選択肢を示し、相手に選ばせる

　相手方から解決案が示されない場合には、こちらから複数の解決案（選択肢）を提示して相手に選ばせることで、問題に決着がつくこともある。

⑤ ギブ＆テイクの可能性を探る

（3）でも触れたが、このステップでも同様にギブ＆テイクを心がける。

⑥ フォーマリティは最小限に留める

　解決案を選択するためにとらなければならない手順は、なるべくいくつか

に限定すべきである。大勢の関係者の多様な意見の調整が必要な手続をできる限り避け、場合によっては、トップ会談で決めてもらうことも選択肢の1つとして念頭に置く。

⑦ 他社の事例を参考にする

他社が試みたことがある解決案であれば、それを1つの説得材料とする。

3 | 対立型交渉

(1) 対立型交渉とは

続いて、対立型交渉について見ていこう。対立型交渉のわかりやすい例としては、家の売買を巡る交渉を挙げることができる。不動産の売買には、付帯要件があまりなく、交渉においては、基本的に「いくらで売るのか」ということだけが問題となり、しかも、売り手と良好な関係を保つべき理由もない。そのため、一般的に対立型交渉となりやすい。

[図表17]を見てほしい。売り手が当初の言い値を3,700万円と示し、買い手は3,000万円であれば買うと言っているが、互いに内心では、「3,450万円ぐらいで売れれば……」(売り手)、「3,350万円ぐらいで買えれば……」(買

図表17 家の売買

Buyer(買い手)
- 当初の言い値 3,000万円
- 狙っている価格 3,350万円
- 最大限の価格(ギリギリの線) 3,500万円

Seller(売り手)
- 最低限の価格(ギリギリの線) 3,200万円
- 狙っている価格 3,450万円
- 当初の言い値 3,700万円

い手）と考えているとする。この段階では、まだ互いの望みの間にギャップがある。

　では、両者がともに妥協して、両者が「最悪、3,200万円以上なら売ろう」（売り手）、「3,500万円までなら出してもいい」（買い手）と考えるに至った場合はどうか。両者のギリギリの線を比較すると重なる価格帯が生じてくる。この状況になれば、理屈としては交渉は成り立ちうると言える。このような図式の中で、いくぶんゼロサムゲームの要素を含んだやり取りを行うことが対立型交渉の基本になる。

　対立型交渉では、一当事者のゴールが、相手方当事者のゴールと直接、利害において衝突することが少なくない。このような利害の衝突や対決の側面ばかりを強調するのは、交渉論の観点から見れば、実際のところ、あまり生産的とは言えない。オレンジを巡る姉妹喧嘩のたとえ話が示すように、両者にとってよりよい解決案が生まれる可能性が閉ざされるおそれがあるからである。

　しかし、対立型の状況は現実に存在するし、本来なら協調型で対処するのがベターなケースでも、対立型のアプローチで迫ってくる相手がいる（私見ながらアメリカ人の弁護士にはこのタイプが多い）。そのような状況を想定するなら、法務担当者は、やはり対立型交渉の方法についても十分に理解しておくべきだろう。

(2) 対立型交渉の基本スタンス

　対立型交渉の基本スタンスとしては、よいBATNAを持つことが力の源泉であることを意識しておく。先ほどの家の売買の例で言うと、買い手の立場としては、「3,400万円で同じような家を売ってくれる」という売り手が他にいれば、新たな売り手の存在がBATNAとなる。

　また、紛争を巡る交渉の場合に、訴訟に踏み切れば5,000万円の損害賠償請求が認められると予測できるなら、「訴訟のコストと時間を差し引いても、交渉によって少なくとも相手から3,000万円以上引き出せないようなら訴訟を選択した方がよい」という判断が可能となる。このように、訴訟になった

ときの勝ち目をあらかじめ探っておくこと、すなわちBATNAを用意しておくことが、法務担当者の重要な仕事となる。

　対立型交渉において意識しておくべき、もう1つのスタンスは、相手方と良好な関係を築くことが目標ではない以上、その取引における最大限の利益をゴールにするということである。例えば、投資ファンドから企業を買収するような場合には、取引相手と合弁事業をするような場合と異なり、完全に対立型交渉となるので、買収価格を可能な限り安くすることがゴールとなり、買収後リスクを下げるため、契約の内容についても厳しく交渉していくことになる。

(3) 3つの戦略

　対立型交渉を自社に有利に進めるためには、以下の3つの基本戦略を知っておくと役に立つはずだ。

　① 相手方の「ギリギリの線」を探る

「ギリギリの線」とは、最低限この条件が満たされるなら交渉に応じてもよい、と相手方が考えている線である。この「ギリギリの線」を相手方が進んで明かさないとしても、「このあたりにありそうだ」とあたりをつけ、できる限りその線に近い解決案を提示することはできる。そのためには、相手にとってのBATNAが何かを考える必要がある。もし、トラブルの解決方法を巡って交渉をしている場合であれば、相手方も訴訟をBATNAとして想定しているはずだ。そこで、「向こうが訴訟で5,000万円得られると考えているなら、3,000万円で応じてくれるはず」などというように、相手方のギリギリの線を読んでいくのである。

　② 相手方の「ギリギリの線」を変えさせる

　家の売買において「3,200万円以下では絶対に売らない」と売り手が考えているようなとき、「今年の地価公示価格が発表されましたが、去年より随分と下落していましたね」などと相手の主張を動揺させるような話題を持ち

出し、再考を促すわけである。

③ 相手方の自尊心を満足させる

要するに、相手に「交渉に負けた」と思わせないようにするということである。ギリギリの線を3,200万円に定めている売り手であれば、「地価公示価格からすれば3,000万円が妥当だと思うのですが、愛着がおありのようですし、きれいに使っていらっしゃるようですので、3,100万円でいかがですか?」などともちかけてみる。このように歩み寄る姿勢を見せることによって、相手はいくらかなりとも自尊心を満足させるはずである。

(4) 2つのキーポイント

これまでに見てきたことからもわかるように、対立型交渉では、協調型交渉のように解決案を評価することより、むしろどこで折り合いをつけるかが問題となる。つまりは、「譲歩」（ここまでは譲る）と「コミットメント」（これ以上は譲れない）の2つが対立型交渉におけるキーポイントとなる。この譲歩とコミットメントを使い分けることこそが、対立型交渉を成功へと導く鍵となるのである。

この2点を使い分ける際に注意すべきことは、コミットメントの濫用を避けること、つまり過度の強気を自制するということである。コミットメントを濫用してしまうと、それに縛られて、自らが出口の見えない状況に追い込まれるおそれがある。「3,500万円でなければ絶対に売らない」などと断言することによって、その後の交渉において「譲歩」のカードを切ることが難しくなってしまうのである。

万が一、コミットメントに縛られるような状況に陥ってしまったら、何としてもそこから脱け出さなければならない。その方法としては、コミットメントしなかったかのように振る舞う、という方法がある。先ほどの例で言えば、「3,500万円でなければ絶対に売らない」と言ったことをまるで忘れたかのようなそぶりをするわけだ。

また、コミットメントを一般的な表現で言い換えてしまう、という手もあ

る。例えば、「周辺相場の基準価格から見て、プラスマイナスの範囲という意味で3,500万円と言ったのですが、基準価格が下がった以上、その額にこだわる理由はなくなりました」などと説明することが考えられる。そもそも「3,500万円」という金額は、当初の客観的な状況から見て「合理的と判断した金額」にすぎず、状況が変われば金額も変わることを当然の前提としていた、と主張するのである。

4 | 契約交渉

(1) 契約交渉とは

　法務担当者が携わる交渉のうち、最も典型的かつ重要性の高いものは契約交渉である。そこで、本章の締めくくりとして、契約交渉のノウハウを解説しておきたい。

　契約交渉は、契約書締結に至るプロセスの一部である。会社にとっての最終的な目標は、契約書そのものを締結することではなく、合弁会社を成功させること、販売した商品によって自社が利益を得ることなど、契約が定める取引によって事業上の目的を達成することである。

　したがって、契約書の中身だけを見ていると「この条項は譲れない」と思えるような場合でも、会社全体の利益に照らせば、「この点は譲る形になっても、契約書を締結して事業を前に進めた方がよい」という状況もありうる。契約を修正するときに法務担当者が直面するジレンマと言えるだろう。

　また、契約交渉においては、「契約書の内容面の交渉」と「契約書の文章の表現を巡る交渉」の2つがある。つまり、契約の中身を決めた場合でも、それを契約書の中でどのように表現するかについては、別途交渉が必要だ。さらに、通常の契約は、多くの場合が対企業の交渉となる。この点は、対社員の交渉となる雇用契約や労働契約の場合と異なっている。

(2) 契約交渉の特徴

　契約交渉の一般的な特徴として、以下のような内容を挙げることができる。

- ●「契約書案」という文書を前にした交渉が多い。

　ほとんどのケースでは、契約書のドラフトや文案のような「契約書案」を挟んだ交渉となる。つまり、契約書を作成し、それを相手に送ったときから交渉は始まっていると言える。
- ● 交渉項目が多岐にわたることが多い。

　取引契約においては、複数の項目が問題となるため、合意が成立した条項と、合意に至っていない条項が混在する、という状態で交渉することが多い。
- ● 1つの条項が他の条項と密接に関連する。

　取引基本契約における「検収」と「特別採用」などのように、1つの条項を検討する際、必然的に、他の条項とセットで考えなければならないケースがある。この問題については、下記（3）で解説する。
- ●「目先の損得」だけでなく、「将来のリスク」も交渉の焦点となる。

　家の売買を例にすれば、買い手にとっては「家の値段」（少しでも安く買いたい）が「目先の損得」になる。一方、家の敷地の土壌が汚染されているおそれがあれば、それは「将来のリスク」となる。契約交渉においては、顕在化していない要素についても焦点となる。
- ● 事業部門との相互理解と連携が不可欠である。

　相手方との交渉の前に内輪もめしているようでは、まとまる交渉もまとまらない。契約交渉では、交渉に入る前の事前の準備が、他の交渉以上に重要となる。

（3）契約交渉の準備

A　一般的な準備のポイント

　契約交渉の準備は、一般的な準備と、契約交渉に特化した準備の2つに分けられる。まずは、すべての交渉に共通する一般的な準備のポイントを［図表18］に挙げてみる。

　これらの点を、準備の段階で明らかにしておくことによって、交渉をより円滑に進めることが可能となる。例えば、事業上の狙い・目的を理解するこ

図表18 契約交渉の準備①

すべての交渉に共通
- 事業上の狙い・目的の理解
- 相手方との関係（関係の重要度・力関係・継続的関係の有無）の把握
- こちらのBATNAの用意、相手方のBATNAの予想
- 交渉に出てくる相手（役職・部門等）の想定
  ➡ ある程度の想像力も必要（多様な人を知っていることがプラスになる）
- 次の交渉における決着点の設定

契約交渉の場合は事業部門と事前確認
- 契約の中での重要事項のピックアップ
- 主要項目の考え方・優先順位の確認

事前確認を踏まえて法務部門で準備
- 条項ごとの対案・決着点の準備
- 典型的には事前に表を作成し、こちら側チームで共有

とで、どの条項ならば譲ってもよいのか（もしくは譲ってはならないのか）が、また、相手方との関係を把握することで、交渉の基本スタンス、すなわち協調型と対立型のどちらで臨むかが決まるだろう。交渉が対立型となる場合には、BATNAを用意し、相手方のBATNAを予想することが必要となるはずだ。

　相手方の交渉の席に着くのが法務部長と弁護士であれば、交渉の中身について詳細な詰めをしてくることが想像できる。あるいは、自社の技術に誇りを持つ中小企業経営者を相手に交渉する場合には、相手の自尊心に配慮した対応が必要なケースも少なくない。このように、さまざまなタイプの交渉相手やその特徴を知ることは、交渉の準備のための有効な材料となる。また、最終交渉である場合、複数回予定されている交渉の2回目の場合など、交渉の段階によって準備の内容（決着点の設定）も変わってくる。

B　契約交渉の準備のポイント

　契約交渉では、上記に加えて、さらに事業部門と事前に打ち合わせをする作業が必要となる。具体的には契約の中から重要事項をピックアップし、主要項目についての考え方や優先順位を確認し合うことになる。もし、「品質保証期間」と「価格」が重要項目と考えるのであれば、交渉では前者と後者のどちらを重視するか、前者について譲歩が得られるのであれば、後者については逆にこちらから譲歩するのか、などについて法務部と事業部門で検討する。

　このような事前確認を踏まえて、次に、法務部門で契約交渉の具体的な準備を行う。すなわち、条項ごとの対案を考え、自社にとって有利な決着点を探っていく。この作業を行う際には、相手方との意見相違・対立のある（主要）条項について、［図表19］のように表を作成してみることを勧めたい。

　このような表にまとめておけば、譲ってもよい条項、譲ってはならない条項のポイントを法務部と事業部がしっかりと理解・共有した状態で交渉に臨めるだろう。

　契約交渉の準備を行う際には、1つの条項と他の条項の関連性に注意し、関連の深い条項についてはセットで交渉することを意識しておきたい。一例を挙げれば、代理店契約において、代理店に独占販売権を与えている場合には、1年間に購入すべき商品の数量を保証する、「最低購入保証」を定めることがある。この条項を設ける場合には、さらに「最低購入保証を達成できないときは、独占権を剥奪する」という条項を加えて、交渉によって代理店側に受け入れてもらう、という手法も考えられる。

　また、交渉の現場では想定外の展開も多々起こりうるので、法務担当者には、綿密な準備と現場でフレキシブルに対応する能力の両方が求められる。

　さらに、相手方から出された案の背景にある、相手方の懸念事項を探ることも重要だ。売買契約において、売り手が想定外に強気な価格設定をしてきたら、そのような価格を主張する背景について、ストレートに聞いてみるとよい。もしかしたら、「通常以上に製品開発に費用がかかるので、そのコストを回収するため、やむをえずこのような価格を設定した」などといった答

図表19 契約交渉の準備②

相手方との意見相違・対立のある（主要）条項について、以下のような表を作って準備する

【参考例】システム開発委託基本契約（委託者側を想定）

条項	課題	相手方案	当社案	最終決着点	重要度
条項番号	意見相違のある項目の要点を記述。例えば「品質保証期間」	直近ドラフトなどでの相手方提案を記載	相手方案に対する当社案。必要によりA案、B案など複数を用意	譲れるギリギリの線や、想定する決着点を可能な限り用意	A～C
5条	瑕疵担保期間	検収後60日	検収後1年間	検収後6ヵ月（その後は保守契約締結し、有償で対応）	B
7条	著作権の帰属	ソフトウェアの著作権は受託者（ソフトウェア会社）に帰属	ソフトウェアの著作権は委託者（当社）に帰属	ソフトウェアの著作権は委託者（当社）に帰属。ただし、他のソフトウェアと共通で用いられるルーチン・モジュールの著作権は受託者に留保	A
12条	損害賠償の上限	問題が発生した個別契約に相当する部分の委託料が上限	上限なし	基本契約のもとで（複数の個別契約あり）受託者が当社より受領した委託料の合計が上限	A
新規	競合制限	条項なし	今回開発するソフトウェアと同等または類似の機能を有するソフトウェアを当社の競合向けに開発しない	上記の通り著作権の当社帰属を確保できれば、この要求は取り下げてもよい。著作権が受託者のものとなるのなら、競合制限は必須	B
⋮	⋮	⋮	⋮	⋮	⋮
⋮	⋮	⋮	⋮	⋮	⋮

【注意事項】
① 1つの条項と他の条項の関連に注意。関連の深い条項はセットで交渉。
② 準備は重要。ただし交渉の現場では想定外の展開も起こりうる。綿密な準備と、現場でのフレキシブルな対応の両方が必要。
③ 相手方案の背景にある相手方の懸念事項を探る。
　➡その解決が可能な代替案を用意する／ひねり出す

が返ってくるかもしれない。そのような場合には、自社の技術を提供することで相手方の開発コストを下げるという解決案を示し、それと引き替えに価格を下げてもらうことなども考えられるだろう。このように、相手方の懸念事項を解消する代替案を用意する（場合によってはひねり出す）ことによって、行き詰まっていた契約交渉が進展することもあるだろう。

(4) 契約交渉における戦術

本章3 (3) では、対立型交渉における3つの戦略について触れたが、契約交渉では、以下のような特有の戦術がある。これらをうまく使うことにより、交渉をさらに有利に進めることが可能となる。

① パッケージディール

(a) という条項に対して譲歩を迫られているような場合、それに応じる代わりに、相手側には (b) という条項について譲歩を求める方法である。いわば、譲歩する条項と、譲歩してもらいたい条項をパッケージにする形で、無理矢理ギブ＆テイクに持ち込むわけである。

② 交渉の「のりしろ」をつけた契約書ドラフト

契約ドラフトの中に、最初から譲歩しても構わない条項を、いわば「のりしろ」として用意しておくやり方である。パッケージディールなどをより行いやすくするための戦術と言える。

③ 文書化のイニシアティブの確保

法務部の力量にも左右されるが、交渉の後で、自社が文書化（ドラフティング）のイニシアティブを確保できれば、交渉を優位に進めることができる。合意事項を箇条書きにまとめる程度のものでも、その書きぶりを工夫することによって自社に有利な内容にすることは可能である。

④ 記載方法の使い分け

　文書化のイニシアティブを確保できた場合には、具体的な記載、抽象的な記載、意図的にあいまいな記載など、記載方法の使い分けを意識したい。こちらが相手方の義務について記載する場合であれば、まず具体的な事項を列挙した後で、「その他それに類する行為」などと書き、義務の範囲を意図的に広げてみる。逆に、自社の義務を記載する場合には、具体的な事項だけを挙げ、義務の範囲をできるだけ狭めるようにするわけである。

⑤ 交渉チームの役割分担

　事業部門と法務部で、いわゆるグッドコップ（よい刑事）とバッドコップ（悪い刑事）の役割分担をすることが、契約交渉における有効な戦術となることもある。法務担当者が交渉の席で相手にきつく迫っている場面で、事業部門のスタッフが「あちらさんも困っていることだし、このあたりでよろしいのでは……」と助け船を出し、法務担当者が渋々妥協するが、実はそこが当初から狙っていた落としどころだった、というようなケースである。法務担当者は、場合によっては嫌われ役に回ることも甘んじて受け入れなければならない。

　ただし、「グッドコップ・バッドコップ」はよく知られた戦術であり、あまり極端なやり方をすると、相手に「またやってる」と読まれてしまう可能性もある。

⑥ 議事録の効果的な活用

　交渉中には、自社の側で議事録を作成しておく、もしくはホワイトボード上に交渉の内容を書き留めて、それを効果的に活用する。相手方が「イエス」と言ったことは漏らさず記録しておき、交渉中に相手がそれに反することを言ったらすぐに指摘できるようにしておくのである。議事録については、交渉後、すぐに文書の形にしてメールで送り、相手に確認してもらえば、後日、相手方が議事録の内容と矛盾した主張をすることを防げるだろう。

このような戦術的ポイントを押さえておく一方で、忘れてはならないのは、契約交渉の最終的な目標は、あくまでも事業上の狙い・目的の達成にあるということである。戦術を駆使して交渉に完勝することが目標なのではない。多くの契約は、相手方との継続的な取引が前提となっているはずであるから、いわゆる「win-win」の考え方も必要となることを肝に銘じておきたい。

　また、契約交渉の心構えとしては、「いくら意見が対立しても、互いに取引する意思とメリットがあるなら、必ず最後に話はまとまる」という気持ちを持つことが大切である。このような気持ちの余裕があれば、意見の対立をおそれるあまり、必要以上に相手に譲歩するようなミスを防げるし、筋の通った意見や反論であればしっかりと主張できるはずだ。場合によっては、是が非でも契約を成立させたい事業部門が法務部に強く譲歩を迫ってくることがある。そのような場合は特に、この心構えが求められる。逆に、相手を必要以上に追い込んでしまい、まとまるはずの話がまとまらなくなる、という事態も避けられるだろう。

(5) 契約交渉の具体的スタイル

　契約交渉の具体的なスタイルは、典型的には、直接交渉となる。通常は、法務部と事業部からのスタッフで構成された両社のチームが一堂に会して交渉することになる。特に重要な交渉であれば、トップ同士の直接交渉となるかもしれない。

　直接交渉の場合は、場所の選択が問題になるだろう。一般的には、自社、相手方のオフィス、そのいずれでもなく別に会議室などを借りるという3つの選択肢がありうる。継続的に交渉することを予定しているのであれば、自社と相手方のオフィスで交互に行うのが公平だろう。また、自社と取引相手のオフィスがどちらも不便な場所にあるような場合には、それぞれから等距離にある交通の便のよい場所で行うことが合理的と言える。

　契約交渉では、電話会議やテレビ会議を活用することもあるだろう。直接交渉を行った後、細かい点については電話会議で詰める、または何度かの電話会議を経て、最後の詰めの部分については直接会って交渉するというケー

スが考えられる。直接交渉の難しい海外企業との交渉では、むしろ電話会議やテレビ会議の方が中心になるはずだ。

　他には、メールによる交渉を行うこともあるかもしれない。この場合には、ワープロソフトで修正を加えた、あるいは修正理由のコメントを付したドラフトを相手にメールで送るなどの方法でやり取りすることになるだろう。

(6) 契約交渉（ミーティング）の締め

　交渉の締めの段階では、合意事項と未決事項を忘れずに確認しよう。その際には、ホワイトボードや議事録も活用したい。例えば、ホワイトボード上の記録をその場でパソコンに打ち直し、プリントアウトして、両者の代表者にサインしてもらえば、合意事項の証拠として残る（ホワイトボード上の記録を自社にとって有利な内容にするためにも、ホワイトボードは自社側で書くことを意識したい）。

　また、今回の交渉の結果を反映した修正ドラフトを、誰が、いつまでに作成・提示するのかを明確にし、「○月○日までにメールする」などと相手と約束する。さらに、次回のミーティングまたは電話会議を予定しているのであれば、その日時を設定する。

　以上の他、次の交渉のステップの確認も行っておきたい。この日の交渉を終え、双方がともに課題として意識している問題点などに関して、相互に確認し合うことで、よりスムーズに次回の交渉に臨むことができるだろう。

第8章 弁護士の活用

ここまでにも何度か触れてきたように、法務担当者しばしば、業務を遂行する上で弁護士にサポートを求めることになる。つまり、外部の弁護士や法律事務所の力をうまく取り入れることは、仕事の質を向上させるための重要なスキルと言える。本章では、弁護士と法律事務所に関する基本的な知識について押さえ、その具体的な活用方法について解説していく。

1 │ 法律事務所を知る

(1) 企業法務に関連する外部専門家

弁護士や法律事務所に対する理解をより深めるために、まず、法務担当者が業務を通じて関わることになる外部専門家について把握しておきたい。企業法務に関わる外部専門家には、弁護士も含めて以下のような人々や組織がある。

① 弁護士
② 司法書士
③ 弁理士
④ 会計士・監査法人
⑤ 投資銀行・ファイナンシャルアドバイザー
⑥ 税理士

①から③までが法律の専門職である。①の弁護士については、自社が海外事業を行っている場合には、国外の弁護士ともやり取りや交渉をすることになるだろう。②の司法書士に協力を求めるケースは、もっぱら商業登記、不動産登記、会社設立手続などの場面である。③の弁理士には、特許、商標などの知的財産権の出願業務や調査を依頼する。ちなみにアメリカでは、

「Patent Attorney」という特許専門の弁護士が日本の弁理士と同様の業務を担当しており、弁理士という特定の職業は存在しない。

④ 会計士・監査法人に対しては、M＆A案件において、経理・財務上の調査を依頼することが多い（契約書の作成や法的問題の調査については弁護士に依頼する）。また、⑤の投資銀行・ファイナンシャルアドバイザーには、やはりM＆A案件に関する仲介やアドバイスを求めることがある。さらに、⑥の税理士には、特定のプロジェクトに関わる税務上の問題をチェックする際などにサポートを依頼することがある。

もっとも、④から⑥の専門家に関しては、経理部門や財務部門の担当者が窓口になることが多く、法務担当者が直接コンタクトすることはさほど多くない。やはり、外部専門家たちの中で、法務担当者が接する機会が最も多いのは、弁護士であり、法律事務所である。

(2) 法律事務所の組織

① 構成員

では、法律事務所の組織は、どのように構成されているのだろうか。

多くの法律事務所には、「パートナー」と「アソシエイト」の2種類の弁護士がいる。パートナーは事務所の共同経営者という位置付けであり、事務所に雇用されてパートナーの下で働くのがアソシエイトである。また、比較的規模の大きな事務所であれば、「パラリーガル」がいる場合がある。パラリーガルは、弁護士資格は持たないものの、高度な法律知識で弁護士をサポートする専門スタッフである。

その他、弁護士の「セクレタリー（秘書）」やクライアントへの費用請求事務などを行う事務員などが、法律事務所の主要な構成員である。

② 組織形態

法律事務所の組織形態としては、「パートナーシップ制」、「弁護士法人」、「個人経営」の3つのタイプがある。パートナーシップ制を採用する法律事務所は非常に多いが、法人格がなく、複数のオフィスを持つことができないとい

う制約がある。その一方で、近年増加しているのが、オフィスを複数構えることができる、弁護士法人だ。とりわけ、大阪の中規模以上の法律事務所が東京に進出する際に、この組織形態を採用するケースが増えている。

　また、最近では、東京にオフィスを開設するアメリカやイギリスの外資系法律事務所の増加が目立ってきた。外資系法律事務所の組織形態としては、「外国法事務弁護士事務所」と「外国法共同事業」の2つがある。前者は、いわば"外資系企業の日本子会社"であり、もっぱら外国法関連の案件を扱っている。後者は、日本の弁護士と外国の法律事務所が共同で事務所を構えるものであり、日本法についても取り扱う。最近では外国法共同事業を名乗る事務所が多い。

(3) 弁護士の報酬体系

　次に、弁護士費用の請求方式を確認しておこう。弁護士の報酬体系は、大きく以下の3つに分けられる。

① 顧問契約型

　特定の弁護士や法律事務所に、顧問契約で定めた定額（通常は月額）の顧問料を支払う。顧問料の範囲内でどこまでの仕事をしてもらうかは、個々の契約内容によって変わってくる。顧問契約で月額10万円を支払っていても、後述するタイムチャージの形で費用を計算し、顧問料の範囲を超えた額が請求されるという形もある。また、日常の電話やメールなどの相談は顧問契約の範囲に含めるが、ある程度作業に時間がかかる依頼については、別に報酬を支払う取り決めがなされる場合もある。

② 着手金・成功報酬型

　訴訟を依頼する場合には、通常、一定額の着手金と、勝訴を条件に成功報酬を支払うことを約束する。

③ タイムチャージ型

弁護士の仕事量を時間で評価し「1時間○万円」などというように対価を設定して、その総額を支払う形である。タイムチャージ型で弁護士に業務を依頼する企業の立場としては、報酬の総額がどの程度になるかを推測しにくく、予想していなかったほど高額な料金を請求されるおそれもある。重要な案件に関しては事前に見積もりを取り、見積金額を超えそうな場合には、あらかじめ連絡してもらうように取り決めておく、などの工夫が必要となる。

(4) 最近の日本の弁護士事情

現在、弁護士や法律事務所を取り巻く環境は、大きく変化している。今後の法務業務への影響も少なくないと考えられるので、これまでの流れを、かいつまんで説明しておきたい。

① 司法制度改革の影響

10年ほど前から始められた司法制度改革の結果、司法試験の合格者数は、かつてと比べて大きく増え、それに比例して、弁護士数も毎年増加の一途をたどっている。だが、法律事務所の採用数が増えていないため、弁護士の就職難という状況が生まれている。法律事務所に就職できなかった弁護士が企業に採用されるケースも見られ、企業内弁護士の増加という現象も起こっている。

また、法科大学院を卒業したものの、司法試験不合格などの理由から弁護士になることを断念し、企業法務の道を選ぶ者も少なくない。

② 寡占化する大手法律事務所

2000年代に入ってからの特徴的な動きとしては、東京の大手法律事務所の規模拡大が挙げられる。ことに、西村あさひ法律事務所、森・濱田松本法律事務所、長島・大野・常松法律事務所、アンダーソン・毛利・友常法律事務所、TMI総合法律事務所の各事務所は、たび重なる合併や統合、毎年の大量採用によって巨大化し、日本における「5大法律事務所」と総称されて

いる。

こうした大手法律事務所は近年、中国やアジアの新興国での新規オフィスの設立、現地法律事務所との提携などにより、日本企業の海外進出をサポートする体制を積極的に整えている。

③「外資系」法律事務所の活発化

1980年代のバブル期に、アメリカを中心とした外資系法律事務所が東京にオフィスを構える例が多く見られたが、そのほとんどは、十分な利益を上げることができずに撤退した。

しかし、ここ数年は、アメリカやイギリス系の法律事務所の日本進出が、再び活発化している。前述したように、日本の法律事務所と共同事務所を経営する形態の他、中には経営難の状態にある日本の法律事務所を一方的に吸収するケースも見られる。

④ 法人化と「東京事務所」の設置

前述の通り、関西、ことに大阪に拠点を置く法律事務所が法人化し、東京にオフィスを設置する例が増えている。その背景としては、関西発祥の銀行の中に、他行との統合などを経て、東京に本社を移転するところが少なからず現れたこと、グローバル化の流れの中で重要な事業拠点を東京にも置く関西企業が増えたことなどが挙げられるだろう。

こうしたクライアントの動きに追随する形で、関西の法律事務所も東京に拠点を設けざるを得なくなっているというわけである。

2 ｜ 弁護士を活用する

では、実際に弁護士を活用する際には、どのような心得が必要となるだろうか。「Why：なぜ弁護士に相談するのか」、「Who：どの弁護士に依頼するか」、「What：何を依頼するのか」、「How：どのように相談するか」に分けて、それぞれのポイントについて解説していきたい。

(1) Why：なぜ弁護士に相談するのか

弁護士への相談には、会社あるいは人によって、さまざまな状況が考えられるが、典型的なケースとしては以下のようなものを挙げることができる。

① 紛争の代理を依頼する

訴訟の代理人は、原則として弁護士にのみ依頼することができる。また、第三者などとの間に紛争が起きた場合、訴訟を前提として弁護士に警告書を発してもらうことも多い。

②複雑で重要な手のかかる案件を依頼する

典型的にはM＆Aがこれに該当する。契約締結はもちろん、デューデリジェンスにおいて相手の会社の法的問題の有無を調査するのには、多大な手間と労力がかかる。そのため、規模が大きく、多数の弁護士を擁する法律事務所の手を借りる場合が多くなる。

③ 法的な意見書を求める

どのような状況の際に弁護士に意見書を求めるかは、業態や企業文化などによって異なるが、概して、メーカーよりも金融機関の方が弁護士に意見書を求める機会が多い。自社の事業に関連した新たな規制が行われるような場合には、対応策を検討する前提として、弁護士に意見書を求めるのが、業種を問わず一般的である。また、検討中のプロジェクトに関して違法性が懸念される場合などでは、弁護士から得る意見書には、「問題ない」という「お墨付き」の意味合いもある。

④ 専門法分野での回答を求める

自社の事業に関して特定の法分野が問題になるときには、その分野に詳しい弁護士に意見を求めることがある。例えば、インターネットで自社の製品を販売する新規プロジェクトを立ち上げるにあたり、IT関係の業務を専門に取り扱っている弁護士に質問する、といったケースである。

⑤ 客観的な立場からの意見を求める

　法務部は、営業部門などと比較すれば、客観的な視点を持った組織と言えるが、企業を構成する一部門である以上、法務部が備えうる客観性には自ずと限界がある。クライアント、あるいは法務担当者自身が、「問題を自社に都合のよいように解釈しているのでは？」と疑われるときには、第三者である外部の弁護士の判断を仰ぐのが望ましい。

⑥ 調べたけれどわからない、自信がないところがある

　自分で調べたけれど、どうも腑に落ちない点があるとき、案件のポイントはつかめたものの、自分のアウトプットに確証を持てないときなどに、「本当にこれでよいのか」という確認のために、弁護士に尋ねることもある。

⑦ 他社の対応事例を知りたい

　まったく未経験の案件に対応しなければならない場合に、付き合いのある弁護士に、他社がどのような対応をしているのかを、参考までに尋ねることがある。もちろん、守秘義務に関わるような情報を得ることはできないが、公にされている内容の中から、自社にとって有益な事例を精選して教えてもらえる場合も少なくない。

(2) Who：どの弁護士に依頼するか

　実際に、弁護士や法律事務所をどのように選ぶかは、個々の依頼の性質に応じて考えなければならない問題である。顧問弁護士がいる場合でも、その弁護士があらゆる業務をこなせるオールマイティとは限らない。また、企業によっては複数の顧問弁護士と契約している場合もあるだろう。そのような場合に、依頼する弁護士を選ぶ基準を以下に挙げておく。

① 得意分野から考える

　独占禁止法の問題であれば独占禁止法に強い弁護士、Ｍ＆ＡであればＭ＆Ａに対応できる法律事務所を選ぶ。

② 実際にやってもらう仕事から考える

　依頼案件において現実に必要となる作業量によって、選ぶべき弁護士は変わる。例えば、単なるアドバイスや質問への回答程度の依頼であれば、すぐに電話で答えてくれるようなフットワークの軽い弁護士がよいだろう。一方、Ｍ＆Ａの案件で独占禁止法の届出を依頼するような場合には、膨大な作業量が予想されるため、経験豊富な複数の弁護士によるチームを構成できる法律事務所に依頼すべきだろう。

③ 事務所の規模も含めて考える

　②とも関係するが、2、3人の弁護士で切り盛りしているような小規模の法律事務所に、大がかりなデューデリジェンスをともなうＭ＆Ａ案件を依頼することは考えにくい。逆に、少額の債権を回収するために、大規模事務所に訴訟を依頼するようなことも合理的ではない。そのような依頼をすれば、タイムチャージによる弁護士報酬が、訴訟で回収できる債権額をはるかに上回ってしまうだろう。

④ ロケーションから考える

　例えば、Ｍ＆Ａの場合であれば、買収対象の会社に近い場所にある法律事務所に依頼する方が、何かと便利である。とはいえ、そのような法律事務所が都合よく見つかるとは限らないので、この点に関しては「もし可能ならば……」程度に思っておきたい。

⑤ 顧問法律事務所を効率的に活用する

　顧問弁護士に依頼することがベスト、というケースは、法務部にとって最も望ましい形である。そのような場合には、遠慮なく顧問弁護士を活用すべきだ。また、複数の顧問弁護士がおり、そのうち誰に任せても構わない、という案件では、顧問料の範囲内で対応してもらえる弁護士に依頼する方が、余計なコストがかからずに済む。

(3) What：何を依頼するのか

　弁護士の選択を終え、実際に依頼する段階では、相談の目的を明確にしておきたい。すなわち、弁護士に丸投げするのではなく、法務担当者としての"筋"をしっかりと持ち、希望する決着の形や弁護士にしてもらいたいことを明らかにするのである。そのためには、自分がどこまで案件の性質を理解しているか、どこまでなら自分の手で対応できるか、という点についても整理しておく必要がある。

　独占禁止法が関わってくるような新規プロジェクトを自社で計画している場合であれば、「公正取引委員会のガイドラインの内容はわかっている。自社で行おうとしている新規プロジェクトの内容も把握している。だが、その新規プロジェクトが独占禁止法に触れる可能性があるのかどうか、今ひとつ確証を持てない」というように、案件の性質を自分なりに整理してみるのである。

　それによって、弁護士に求めるべきアウトプットが見えてくる。上記の例で言えば、弁護士に独占禁止法に触れるか否かを回答してもらうことがゴールとなる場合もある。さらには、公正取引委員会への届出までを依頼することになるかもしれない。

　また、紛争の解決を依頼する場合であれば、訴訟対応、警告書の発信、代理交渉などのアクションを求めることになるだろう。

(4) How：どのように相談するか

　弁護士とのコミュニケーションの取り方にはさまざまな手段がありうるが、最初の相談では、直接顔を合わせて、ミーティングを行うのが一般的である。その際には、あらかじめ相談内容をメールなどで伝え、関係資料も事前に送っておくと効率的だろう。もっとも、ミーティングの要否、頻度などについては、以下のように依頼内容に応じて異なってくる。

① 単発の回答・アドバイスをもらう場合

　依頼内容をメールで十分に伝えきれる場合には、ミーティングを行わず、

メールで回答を得て済ませることもある。

②　意見書や契約書などを作成してもらう場合
　やはり直接ミーティングの席を設けて、作成してほしい意見書や契約書などの内容をしっかりと説明し、その場で作成期限を取り決め、回答を得ることが望ましい。

③　紛争や重要案件を一緒にやってもらう場合
　法務担当者と弁護士との間で、顔を突き合わせたミーティングを複数回重ねることになるだろう。訴訟であれば、初回のミーティングでは、こちらからは案件の内容と訴訟の意向があることなどを伝え、弁護士からは収集すべき証拠などについて指示を受けるはずだ。次回のミーティングでは、証拠となる資料を前に打ち合わせ、さらに次のミーティングでは、弁護士の作成した訴状のドラフトをもとに詰めの話し合いをする、というような流れとなる。
　Ｍ＆Ａ案件であれば、弁護士に社内の全体ミーティングに参加してもらう、デューデリジェンスの終了時に報告会などの形式で説明してもらう、といった状況が想定される。また、上記のようなミーティングに加えて、適宜、メール、電話などを利用しながら相談を行っていくことになるだろう。
　相談の方法や手段に関しては、弁護士費用の問題についても配慮しておく必要がある。特にタイムチャージ型の場合には、時間がかかればかかるほど費用がかさむので、いかに時間をかけずに要領よく相談するかも法務担当者の腕の見せどころである。

(5) 外国の弁護士の活用
　海外プロジェクトを積極的に展開しているような企業であれば、外国の弁護士を使わなければならない場面も多いだろう。そこで、外国弁護士の活用について、留意しておくべきポイントについても見ておこう。

① 英米系の法律事務所の特徴

外国の弁護士の中で、法務担当者が関わる機会が最も多いのは、一般的にはアメリカやイギリスの法律事務所の弁護士となるだろう。英米系の法律事務所には、日本の5大法律事務所以上に大規模な「巨大法律事務所」が多い。所属弁護士の専門分野は細分化されており、弁護士というよりは、「法律サービス業」と呼ぶのが適切かもしれない。ビジネスに対しては非常にアグレッシブであり、タイムチャージ制のもと、厳格に報酬を請求してくる弁護士が多い、という特徴がある。

クライアントとの関係も、日本の弁護士の感覚とはまったく異なっている。日本では、クライアントが弁護士を「先生」と呼び、ときには接待することさえあるが、アメリカなどでは、逆に弁護士がクライアントを接待するのが常識となっている。

② 外国の弁護士の探し方

さまざまな国の弁護士をうまく探し出し、ネットワークを構築し、継続的にメンテナンスしていくことは、法務担当者の重要な仕事である。だが、どのようにして信頼できる外国の弁護士を探すかが難問である。その手がかりがまったくつかめないときには、目的国の法曹界とネットワークを持つ国内の弁護士に紹介してもらうという方法が考えられる。

ことに、新興国の弁護士は、日本やアメリカほどクオリティが平準化していないので、思うようなアウトプットを得られず、苦労するかもしれない。自社の事業にとって重要な国については、日ごろからアンテナを張っておき、優秀な弁護士を紹介してもらえる機会を逃さないようにしたい。また、実際にその国を訪れることがあれば、現地の法律事務所を訪問するなどしてネットワーク作りに努めてみるのもよいだろう。

③ 弁護士とのコミュニケーション方法

外国の弁護士とは直接ミーティングをセッティングすることが難しいので、メールや電話、もしくはテレビ会議などでのやり取りが多くなる。ただ、時

差の問題を考えると、メールでの依頼が最も効率的ではないだろうか。依頼内容を正確に伝えるためには、やはり英語力が必要になる。英語が苦手という人は苦労するだろうが、どんなに時間がかかっても、こればかりは努力するしかない。

3 | 企業法務と弁護士

(1) 企業法務の役割

　弁護士を活用する場合には、どこまでの仕事を法務担当者が行い、どこまでを弁護士に任せるのかが問題となる。弁護士自身の力量や他部門のスタッフが、どの程度、弁護士と直接コミュニケーションをとれるか、といった要素も絡んでくるため一概には言えないが、基本的に法務担当者は、「ビジネス」と「法律」の橋渡し役、あるいは「ビジネスマン」と「弁護士」の間の通訳となるべきだと、筆者は考えている。

　例えば、営業部門のスタッフが、第三者にはわかりにくい独特の営業用語を使って取引の問題点を語ろうとした場合に、それを弁護士が理解しやすい形に変えて伝えることが、法務担当者の仕事となる。逆に、弁護士が専門的な法律用語を使って話すときには、その内容を営業部門のスタッフがわかりやすいようにかみ砕いて伝えることも、法務担当者の大切な仕事である。

　企業法務担当者の役割としてもう1つ重要なことは、何を弁護士に依頼し、何を会社で決めるかを見極めることである。法務部を持たない会社、あるいは事業部門と弁護士のやり取りの間に法務部が介在しないケースでは、事業部門のスタッフが、本来なら弁護士に依頼すべきではないことまで依頼し、弁護士の意見を聞くべきところを自ら判断してしまう、などといったトラブルが起こりうる。

　自社製品の不具合が原因で、取引先に損害賠償を請求され、和解交渉を行っていたとしよう。ここで、弁護士に聞くべきことは、和解交渉がまとまらず訴訟になった場合の勝訴の可能性などについてであり、支払うことが可能な損害賠償の金額、すなわち「ここまでなら支払ってもよい」という金額につ

いては自社で決めなければならないはずである（和解金の相場を弁護士に確認する程度なら問題ないだろう）。だが、事業部門だけに弁護士とのやり取りを委ねてしまうと、賠償額についてまで弁護士に決めてもらうことになりかねない。このようなことを避けるためにも、上で述べたような法務担当者による見極めが必要となる。

その他に、法務担当者が、弁護士との関係において意識しておくべき役割としては、以下のようなものを挙げることができるだろう。

① **よい法律事務所、よい弁護士を選ぶ**

社内のクライアントから持ち込まれた案件の性質を見極め、その解決に最も適した法律事務所や弁護士を選択することも、法務担当者の役割である。

② **（必要により）弁護士意見を踏まえた上でリスクテイクをする**

弁護士はリスクを指摘してくれるが、そのリスクをとるべきか否かは、会社が判断すべき事項である。企業の利益追求の観点から、リスクをとった場合に起こりうる問題を法務担当者が十分に把握した上で、「当局から何らかの指摘が入ったとしても、その場合は事後の対応で間に合うでしょう」などというように、リスクを許容する選択肢を提案すべき場合もあるだろう。

③ **弁護士費用をコントロールする**

特にアメリカやイギリスの法律事務所や、必要以上に多くの若手アソシエイトを作業に加えようとする日本の法律事務所については、注意が必要だ（関与したすべての弁護士の時間がタイムチャージの対象となるからである）。タイムチャージの場合は、決まった予算の中でコントロールすることが難しい面もあるが、以下に挙げる工夫が有効な対策となりうる。

- 事前に費用の見積もりを取り、見積額を超えそうなときには、あらかじめ伝えてもらう。

    このようにしておくことで、後述の超過部分に対するディスカウントの交渉がしやすくなる。

- 請求書をしっかりチェックする。
 「いくら何でもこの作業に時間をかけすぎではないか？」と思うところがあれば、臆せず指摘する。
- ディスカウントの交渉をする。
 時間をかけすぎだと思う場合、アウトプットに貢献していない弁護士のタイムチャージが多い場合、事前の見積額を大きく超えた場合などは、ディスカウントの交渉をすべき場面もある。費用をふっかけられないようにするためには、勘定に厳しい客だと思わせた方がよい。あまりやりすぎると嫌われるが……。

(2) 弁護士をうまく活用するには

本章の締めくくりとして、法務担当者として、弁護士を最大限有効に活用するために、必要なポイントを考察してみたい。

① 良き依頼者であること

「良き依頼者とは？」という問題への答は、自らが法務担当者として相談を受ける立場で考えてみれば、自ずと得られるだろう。それは、十分な準備をして、筋道を立てて依頼内容を説明してくれる依頼者のはずだ。弁護士が依頼を受けるときにも同じことを考えるだろう。

② 丸投げはしない

前述したように、案件の筋道、弁護士にしてもらいたいことは自分で考えることである。また、弁護士から受けたアウトプットも、そのままクライアントに横流しするようなことをしてはならない。弁護士からメールで送られた回答を、最終的にクライアントに転送するにしても、内容が不十分ではないか（もしそうであれば弁護士に突き返す）、要約してよりわかりやすくすべきではないか、などといった点を十分に検討すべきである。弁護士からのアウトプットを右から左に流すだけであれば、法務担当者としてのあなたの存在価値は皆無に等しい。

③ どの「事務所」より「誰」が重要

実際に問題を解決する手助けをしてくれるのは、「事務所」ではなく「弁護士という個人」である。いざというときのためにも、依頼しやすい信頼できる弁護士をつかんでおくことが大切になる。

④ 弁護士との信頼関係

弁護士との信頼関係が築けていれば、「厳密なものでなくても構わないので、すぐに回答をください」というような、急を要する依頼も気軽にしやすくなる。前述の通り、良き理解者であること、丸投げをしないことなどに加え、案件が希望通りに決着しなかった場合も、弁護士だけに責任を押しつけるような真似をしないという当たり前の心がけが、弁護士との信頼関係構築のポイントと言えるだろう。

⑤ 良好なチームワーク

弁護士と法務担当者、社内の関係者が1つのチームとして案件に臨む意識を持つことが、依頼の目的達成のための近道である。

⑥ こちらからのレスポンスも早く

弁護士に対しては、「早く回答がほしい！」と求めるばかりで、逆に弁護士から資料の提出を求められた場合には、いつまでたっても送らない、などということがないよう、こちらも素早いレスポンスを心がける。

以上が、これまでの自身の経験から筆者が身につけた、弁護士活用術の"肝"である。これらは対弁護士の業務に特化したスキルだが、おおもとの考え方は、対クライアントの業務のスキルと同じである。相手の立場に立ち、先回りして考えること。それは、法務担当者に限らず、あらゆるビジネスパーソンに求められる心構えと言えるだろう。

第3部
典型的な法務案件のセオリー

- ☑ 企業法務には、多くの企業に共通する典型的な案件があり、典型的な案件には、典型的な対応方法（セオリー）がある。「セオリー」とは「法律」ではなく、「ゲームのルール」という性質を持つ。
- ☑ 「ゲーム」とは、① 複数のプレーヤーが存在し、プレーヤー間の利害調整が必要であり、② 利害調整に一定の「ルール」が存在するものである。例えば、契約という「ゲーム」では自社と契約の相手方がプレーヤーとなる。
- ☑ 法務業務では、日々多様な「ゲーム」を扱うが、法務担当者はその際、半ば無意識のうちに「ルール」に則り仕事をこなしている。「ゲーム」を有利に進め、攻略し、勝利するためには、「ルール」を知ることが不可欠である。
- ☑ そこで、第3部では、典型的な法務案件である「売買契約」、「開発委託契約」、「システム開発契約」、「品質クレーム紛争」、「民事訴訟」、「株主総会」、「国際法務」を取り上げ、それぞれのゲームの構図とルールを明確にし、実務のポイントを解説していく。

第1章 売買契約

　売買契約は、最も典型的な契約の形であり、あらゆる契約の基本である。一方で、売買契約には代理店契約、OEM売買契約、取引基本契約などさまざまな種類があり、それぞれに固有の案件処理の「セオリー」、つまり「ゲームのルール」が存在する。本章では、売買契約全体に共通するセオリーの他、上に挙げた3つの売買契約それぞれのセオリーについても解説していく。

1 売買契約とは

(1) 契約とは何か

　ここであらためて、「契約」とは何かを確認しておこう。[図表20]を見てほしい。昼時のオフィス街で見かけるサラリーマンと弁当店との何気ないやりとりであるが、実はこれも立派な契約である。すなわち、契約とは「申込み」とそれに対する「承諾」によって成立する。サラリーマンの「唐揚弁当1つ」という申込みに対して、弁当店は「はい。500円です」と承諾しているのだから、売買契約が成立していることは明らかである。

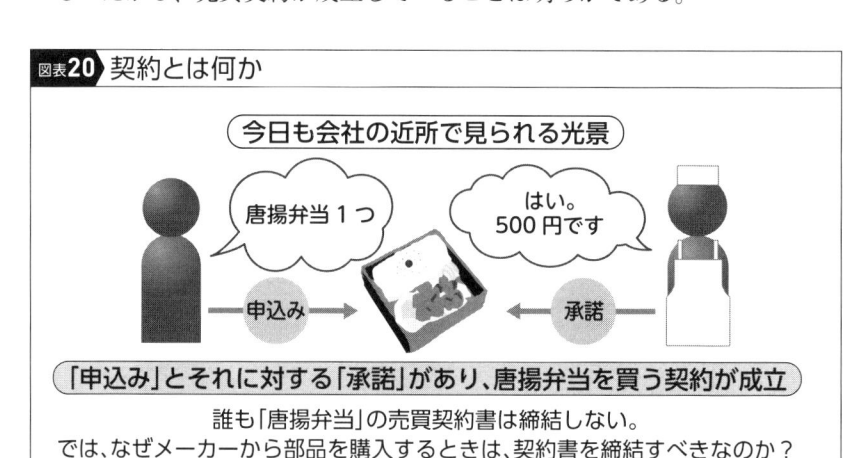

図表20 契約とは何か

今日も会社の近所で見られる光景

「唐揚弁当1つ」 ← 申込み
「はい。500円です」 ← 承諾

「申込み」とそれに対する「承諾」があり、唐揚弁当を買う契約が成立

誰も「唐揚弁当」の売買契約書は締結しない。
では、なぜメーカーから部品を購入するときは、契約書を締結すべきなのか？

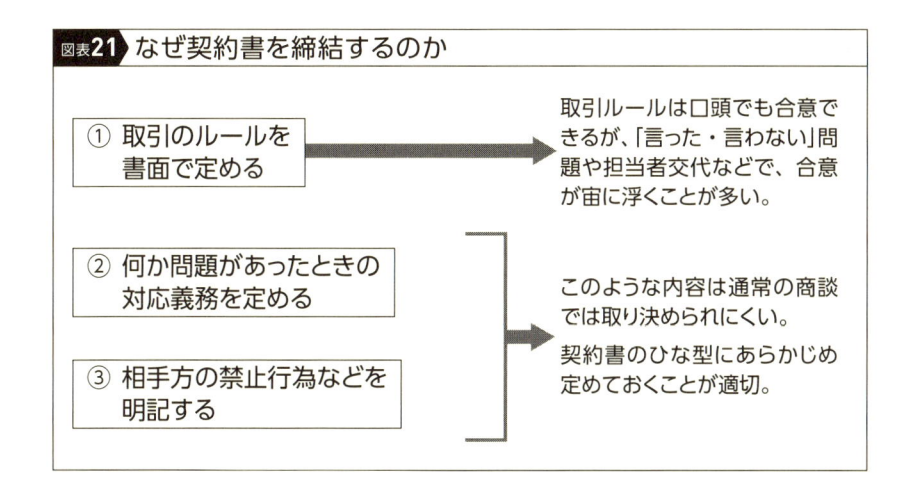

| 図表21 | なぜ契約書を締結するのか |

```
① 取引のルールを     → 取引ルールは口頭でも合意で
   書面で定める         きるが、「言った・言わない」問
                       題や担当者交代などで、合意
                       が宙に浮くことがある。

② 何か問題があったときの  ┐
   対応義務を定める      │ このような内容は通常の商談
                       │ では取り決められにくい。
③ 相手方の禁止行為などを  │ 契約書のひな型にあらかじめ
   明記する            ┘ 定めておくことが適切。
```

(2) なぜ契約書を締結するのか

　もっとも、唐揚弁当を買うときに売買契約書を締結する者はいない。では、ある企業が他の企業から商品を購入するような場合には、なぜ契約書を締結するのだろうか。契約書を締結することには、[図表21]に挙げた3つの意味があるためである。

① 取引のルールを書面で定める

　価格決定の方法、注文・納入の方法、支払条件といった取引に関するルールを決める。もちろん、取引のルールは口頭でも合意できるが、その場合には、俗に言う「言った・言わない」問題が起こりやすい。また、担当者の交代などによって、双方が合意した内容が宙に浮いてしまうということも、よくある話だ。そのような想定可能なトラブルを未然に防ぐため、合意内容を書面化しておくことが望ましいのである。

　なお、唐揚弁当の例では、契約によって生じた唐揚弁当の引渡しと代金支払という双方の義務がその場で履行されているので、あらためて書面でルールを定める必要はない。

② 何か問題があったときの対応義務を定める

具体的には、商品に欠陥があった場合の瑕疵担保責任、特許侵害時のメーカーの責任、契約終了時の在庫買取の範囲などについて定めることが考えられる。

③ 相手方の禁止行為などを明記する

自社の規格に従った商品の製造を委託したときに、委託先がその商品を他社向けに販売することを禁止する、あるいは製造委託にあたって仕様書などを貸与した場合に秘密保持を義務付ける、などの例が一般的である。

②、③については、事業部門の担当者が主体となって行う商談で決めるような内容ではないため、契約書のひな形にあらかじめ定めておくことが適切だろう。

(3) 売買契約書の基本的な構成

すでに十分に承知している読者も多いだろうが、ここであらためて売買契約書の基本的構成を確認しておきたい。[図表22]が示すように、まず冒頭にタイトルがあり、次に前文が置かれる。契約書の本文は、大きく、上で述べた取引のルールについて決める箇所(「取引のルールブック」)と、問題などが起こったときの対応について定めた箇所(「万一の場合の保険」)に分かれている。

取引のルールブックでは、「対象商品」、「価格」、「発注」、「注文の承諾」、「納入」、「検査」、「支払」の方法などについて具体的に定める。これらについて定めた条項は、商品の発注から支払までの取引の順番に従って並んでいる。

万一の場合の保険については、売買契約だけでなく各種の契約に共通して定められる一般条項が多く記載される。「秘密保持」、「不可抗力」、「損害賠償」、「契約期間」、「契約解除」、「効力残存」、「管轄裁判所」などを定めた条項が並ぶ。契約書の最後は、末尾文とサイン欄で締めくくられる。

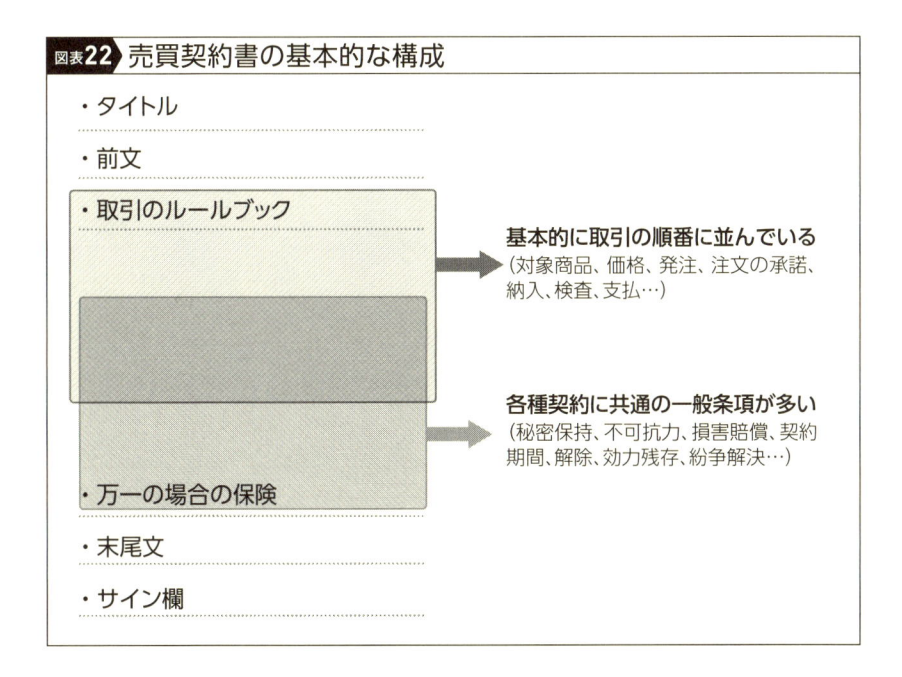

図表22　売買契約書の基本的な構成

・タイトル

・前文

・取引のルールブック　→　**基本的に取引の順番に並んでいる**
（対象商品、価格、発注、注文の承諾、納入、検査、支払…）

→　**各種契約に共通の一般条項が多い**
（秘密保持、不可抗力、損害賠償、契約期間、解除、効力残存、紛争解決…）

・万一の場合の保険

・末尾文

・サイン欄

（4）売買契約というゲーム

では、いよいよここから売買契約のゲームのルールについて、具体的に見ていくことにする。

まず、メーカーを売買契約の売り手として想定した場合、自社商品の売上とそこから生み出される利益を、可能な限り長期間にわたって最大化することが、売り手にとっての究極の目的、つまり売買契約というゲームのゴールである。

売上の最大化という目的のために、メーカーは、さまざまな販売形態を検討することになる。販売形態は通常、以下の4つが選択肢となるだろう。

① 流通業者を通じて販売
② 商品を顧客のブランドを付して供給（顧客は自らの商品として再販売）
③ 顧客が商品を部品として組み込み、完成品を販売
④ 顧客が商品をユーザーとして使用

①では「代理店契約」、あるいは「Distributor契約」、②では「OEM販売契約」と呼ばれる契約を結ぶ。

③は、例えば、自動車メーカーが顧客であり、部品メーカーが供給した部品が自動車の中に組み込まれるようなケースが考えられる。④は、コンピュータメーカーによる一般ユーザーへの直売や、生産用の機械・装置を製造業の顧客に販売する場合などがイメージしやすい例だろう。これら③と④のケースでは、一般的に、売り手よりも買い手の立場の方が強い。そのため、買い手側が「取引基本契約」のひな形を用意し、それに従って取引する場合が多い。

「代理店契約」、「OEM販売契約」、「取引基本契約」については、それぞれ項を変えて詳しく解説したい。

また、利益の最大化のためには、後述するように、価格の決定や変更に関する取り決め、問題が生じた際のリスクを売り手と買い手のどちらが負担するのか（リスク・アロケーション）も問題となる。さらに、利益の最大化のために、より合理的な発注・納入方法の取り決めをすることも考えられる。その例としては、「注文は〇個以上でなければ受け付けない」という条件を買い手に承諾させ、納入コストを下げることなどが挙げられる。あるいは「〇個以上の注文であれば、ディスカウントする」という形で、大口の注文へと誘導する手法もある。このように、売買契約書には利益を最大化するために考えうる、さまざまな方策が盛り込まれていくことになる。

2 | 代理店契約

先に見たように、一口に売買契約と言っても、その種類は多様である。ここからは、その中でも特に重要な「代理店契約」、「OEM販売契約」、「取引基本契約」のルールの中身を見ていこう。まずは、代理店契約から始める。

代理店契約は、メーカーが販売代理店を設定し、販売代理店がメーカーから購入した商品を、エンドユーザーや二次卸業者などに再販していく、というものが典型的なゲームの例である。売り手であるメーカーと買い手である

代理店には、自己の利益を最大限に拡大するため、契約の内容についてそれぞれ以下に示すような異なる考慮が求められることになる。

(1) メーカーから見れば

　代理店契約を結ぶ際、メーカーには、代理店を通じて販売を最大化したい、という思惑がある。代理店契約の内容に関してメーカーが検討するのは、主に下記のような事項となるだろう。

- 販売テリトリーを決めるか。
　　テリトリーを限定すれば、販売体制の管理や商品の供給などが容易になるので、商品を効率的に販売できる。
- テリトリー内の代理店は1社か、あるいは複数か。
　　テリトリー内の代理店を1つの業者に任せるか、それとも複数の業者に販売権を与えて競争させるかも重要な検討事項となる。
- 「独占販売権」を付与するか。
　　代理店を1社に限定する場合には、「独占販売権」を付与するかどうかも検討する。独占販売権を与えた場合には、代理店が安心して販売できるため、継続的な販売体制の構築が期待できるといったメリットがある一方、販売店が独占販売権に甘えてしまう、などのデメリット面も考慮すべきである。そこで、独占販売権を付与する場合には、一定期間における一定数量以上の購入を販売店に義務付ける「最低購入保証」などの条件を加えることも有効な手法である。
- テリトリー外販売を認めるか否か。
　　一定のテリトリーを定めた場合には、テリトリー外での販売を容認する、または禁止するかどうかも検討する。代理店ごとにテリトリーを分けることは、販売チャンネルが複数存在する場合における、競合や値崩れ防止などへの対策となる。
- インセンティブを与えるか。
　　一定数の販売達成の際に、販売店に「販促奨励金」などのインセンティ

ブを与えることで、自社商品の拡販を狙う。
- 代理店と直販を併用するか。

  代理店を通じた販売だけでなく、自社で直販も行う場合には、ターゲットのすみ分けを考えなければならない。例えば、中小の顧客は代理店に任せ、大口の顧客は自社の営業が直接商談する、というモデルなどが考えられる。また、テリトリーを設定している場合にも、調整が必要である。

- 独占禁止法に抵触しないか。

  上記のように、メーカーは、代理店を通じて最も効率的に自社の商品を販売する方法を考えるわけだが、その際、独占禁止法との関係が問題になるケースがある。例えば、市場で大きなシェアを持つ事業者が、代理店にテリトリー外での販売や、競合する商品の取扱いを禁止するような場合である。また、言うまでもないことだが、商品の値崩れ防止のために代理店の販売価格を拘束することは、再販売価格維持行為として、独占禁止法違反となる。

  その他、代理店契約を結んだものの、その業者の販売能力が低く、想定していた利益を得られないなどの場合には、業者の切り替えも検討すべきだろう。

(2) 代理店から見れば
① 自社の売上・利益を最大化したい

代理店の側から代理店契約を考えた場合、その狙いは自社の売上と利益の最大化ということになる。そのため、代理店としては以下のような事項を検討するだろう。

- 「売れる」商品を重点的に扱う。

  「売れる」商品の販売に優先的に力を注ぐことで、売上と利益は最大化する。また、その場合には、カーディーラーのように１社のメーカーの商品（単一ブランド）のみを扱うのか、それとも家電量販店のよ

に複数のメーカーの商品（マルチブランド）を扱うのかも検討課題となる。
- ● 他の代理店との競合を軽減する。
　　同業者同士の顧客の奪い合いや値下げ競争を避けるためには、競合が存在しないことが望ましい。そのため、メーカーに対して、独占販売権を要求することも考えられる。
- ●「独占のAブランドのみ」か「非独占のマルチブランド」か。
　　独占販売権を求めた場合には、交換条件として、メーカーは自社の競合商品を扱わないことを要求してくる可能性が高い。そのときは、独占販売権のもとでAブランドの商品のみを扱うか、非独占でマルチブランドのポリシーでいくか、という二者択一を迫られることになる。
- ● 販売先の制限を少なくする。
　　販売先が限定されていれば、自ずと商機も制限される。メーカーがそのような制限を課してくる場合には、独占販売権など、自社に有利な条件を引き出せないかを考えてみる。
- ● 自社にとって有利な価格・インセンティブ。
　　メーカーからの要求に対しては、自社の事情を考慮し、上記に挙げた条件を状況によって組み合わせ、可能な限り自社に有利な価格・インセンティブを取る方策をひねり出す。

②「商圏」の確保

自社の売上・利益を最大化することの他に、代理店にとっては「商圏」を確保することも重大な関心事である。前述のように、メーカー側は、代理店のパフォーマンスが思わしくなければ、業者の切り替えを検討するはずだ。一方、代理店側は、拡販のために営業マンの新規雇用や販促キャンペーンの実施など、少なからぬ投資を行うことになる。投資をする以上、簡単に契約を切られては困るというのが代理店側の心理である。特に単一ブランドの代理店は、全利益を1つのメーカーからの商品の供給に依存しているので、契約の打ち切りは死活問題となる。このような事情から、代理店にとっては、

契約期間を長く定めて、途中解約はできないとするなど、安定的に商圏を確保することが、契約上の要件となってくる。

(3) 代理店政策：クローズ vs オープン

メーカー、代理店それぞれの思惑を反映する形で、代理店契約には一般的に、「クローズモデル」と「オープンモデル」という2つのモデルがある。

繰り返しになるが、メーカーが販売テリトリーを限定し、テリトリー内で代理店に独占販売権を付与する代わりに、競合品は取り扱わせない、という取り決めをするのがクローズモデルである。一方のオープンモデルは、複数の代理店に平行して自社製品の販売を認め、販売テリトリーも、販売先も、競合品である他社製品の取扱いも制限しない契約モデルである。つまり、カー

図表23 代理店政策―2つのモデルと特徴

		クローズモデル	オープンモデル
特徴		○販売テリトリーを限定 ○テリトリー内の独占販売権付与 ○競合品の取扱制限	○販売テリトリー・販売先は自由 ○複数の代理店が並行して販売 ○競合品・他社製品の取扱いは自由
メーカーから見て	メリット	○ブランド内競争が少ないことにより、商品の値崩れ防止が可能 ○代理店も当社製品のみに注力	○代理店間を常に競争させ、それによる販売活動の活性化を期待 ○特定代理店に依存しない
	デメリット	○代理店が独占権に甘えるリスク ○テリトリー内の販売を1つの代理店にすべて依存	○代理店間競争による商品の値崩れ ○代理店が他社商品に注力してしまうリスク
代理店から見て	メリット	○テリトリーが保護されている安心感 ○他の代理店との競争がなく、マージンも安定	○取扱商品・販売先に制限がなく、自由に商売ができる
	デメリット	○他社製品を取り扱えない ○商品の競争力がなくなれば、メーカーと共倒れの可能性	○他の代理店と競争することになり、マージンは低い
独占禁止法		違反リスクあり	原則として問題ない

ディーラーはクローズモデルであり、家電量販店はオープンモデルと言える。もちろん、両モデルの要素を併せ持つ中間的なタイプもある。

　それぞれのモデルについて、メーカーから見たメリット、デメリット、代理店から見たメリット、デメリットを［**図表23**］にまとめたので参考にしてほしい。なお、クローズモデルには独占禁止法上のリスクがあるので、細心の注意が必要だ。特に立場の強いメーカーがクローズモデルで代理店を抱え込もうとした場合には、独占禁止法違反のおそれがより強まってくる。

3 ｜ OEM 売買契約

(1) 典型的な OEM 取引の特徴

　次に、OEM売買契約のセオリーについて解説していこう。典型的なOEM取引では、売り手であるメーカーが買い手のブランド（OEM先ブランド）で商品を供給し、買い手であるOEM先は、供給された商品をあたかも自らが製造した商品であるかのように販売する。買い手が自社ブランドとして販売することを予定しているので、メーカーにとっては、ある程度まとまった数量の取引が見込めるという利点がある。一方で、多くの場合は、自社標準品に対するブランドの張替えや、色・形の変更などプラスアルファのカスタマイズが求められる。

(2) 相手方ブランドでの供給

　OEM取引には、相手方ブランドでの供給という側面があるため、供給元のメーカーの立場から見れば、自社ブランド販売との競合や、顧客のバッティングという事態が起こりうる。そのため、OEM先が拡販に成功した場合、メーカーは自社製品の順調な売れ行きを喜ぶ一方で、実際には自社の顧客を奪われているという事実もある。供給元メーカーにとってOEM取引の成功は、「痛しかゆし」であることも多い。

(3) カスタマイズとコスト負担

　OEM契約の特徴として、前述のように標準品のカスタマイズが必要となることがある。この場合、カスタマイズ費用を売り手であるメーカーと買い手であるOEM先のいずれが負担するのかが問題となる。コスト負担の手段としては、OEM先が一括で実費をメーカーに支払う方法、メーカーが拡販を期待して自ら負担する方法、購入単価に割りかけるという方法が考えられる。購入単価に割りかける場合は、カスタマイズ費用に100万円を要したのであれば、初回に製造する1万個については、100円価格を高くするなどの方法をとる。

　メーカーがコスト負担する場合や、購入単価に割りかける場合は、負担したコストを回収するために、一定数以上の購入を買い手に約束させることも検討する。この購入保証については、次項で述べる。

　また、OEM先としては、メーカーがカスタマイズした商品を他社へ販売することは、なるべく禁止したいところである。特に、カスタマイズ費用を負担したような場合には、他社への販売禁止を強く主張することになるだろう。

(4)「まとまった数量の取引」に付帯する取引条件

　通常のOEM契約は、ある程度まとまった数量の取引となるため、買い手からいわゆるボリュームディスカウントの要求があるかもしれない。「年間1万個も購入するのだから、価格を安くしてほしい」というわけだ。

　メーカー側がボリュームディスカウントを受け入れる際には、交換条件として、買い手に一定数以上の購入を約束させる「最低購入保証条項」を契約に盛り込むことを検討するべきである。さらに、最低購入保証の取り決めが守られなかったときの措置を定めておくことも必要である。具体的には、「違約金の支払」、「差額の支払」（最低購入保証数に達しなかった場合にディスカウントした価格と定価の差額を支払う）などの条項である。

　また、買い手の立場から見た場合には、「まとまった数量の取引」を保証する交換条件として、「最恵顧客待遇条項」の採否が検討課題となるだろう。最恵顧客待遇条項とは、自社よりも有利な取引条件を受けている顧客がいる

場合に、その顧客と同等の待遇を自社に与えることを保証させる条項である。例えば、メーカーから商品1万個を、販売価格5,000円で仕入れている顧客Aと、販売価格4,500円で仕入れている顧客Bがいた場合、顧客Aに最恵顧客待遇が与えられれば、顧客Aも顧客Bと同じく販売価格4,500円で商品を仕入れることができるようになる。

ちなみに、「最恵顧客待遇」とは、通商用語の「最恵国待遇」に由来する。最恵国待遇とは、二国間の通商条約などにおいて、一方の締結国が他方の国に対して、関税などについて、別の第三国に与えるものと同等、あるいは不利にならない待遇を約束するものである。この考え方を会社間の取引に応用したのが、最恵顧客待遇条項なのである。

(5) 商品の安定供給の確保

メーカーから供給された商品をひとたび自社ブランドとして販売し始めると、OEM先にとってその商品は、自社のラインアップの1つとなる。当然商品カタログなどに掲載することになるため、簡単には販売をやめられない。すると、商品の安定的な供給の確保が非常に重要な課題となってくる。メーカー側の一方的な都合で、「販売を中止する」と言わせないために、契約書で一定期間の安定供給を約束させることが必要となるだろう。

4｜取引基本契約

(1) 取引基本契約書が締結される場面

最後に、取引基本契約のセオリーについて見ていきたい。取引基本契約書は、典型的にはメーカーと部材の仕入先や納入業者との契約の際に締結される。たいていの場合は、メーカーの購買部門によって契約書のひな形が用意される。契約書で想定されている購入品は、部品、原材料、もしくは自家使用を予定した設備や消耗品などである。売り手側の標準品を購入する場合と、買い手側（メーカー側）が仕様を指定して製造委託する場合、さらに両者が混在している場合がある。

(2) 取引基本契約書の特徴

前述のように、取引基本契約書は、買い手側からひな形が渡されるのが通常の形であり、買い手側に都合よく書かれた内容となっていることが多い。また、買い手は、基本的にすべての売り手に対して同じ内容の契約の締結を要求してくるはずだ。そこには、多数の仕入先と取引をしているにもかかわらず、仕入先ごとに異なる取引条件を認めてしまえば、管理が煩雑になり非効率である、という買い手側の都合がある。つまり、ひな形を一律に売り手に受け入れさせることにより、売買にともなう買い手のオペレーションを効率化しているのである。

(3) 買い手の意図・目的

[図表24] に示したように、買い手側が取引基本契約書を締結する際には、「高品質の製品を（Quality）」、「低価格で（Cost）」、「タイムリーかつ安定的に購入する（Delivery）」こと、すなわち、「QCD」の3つの面で、ベストの会社からベストの商品を購入したいという意図のもとで、有益な契約外の措置と契約条項を検討することになる。

具体的には、まずクオリティを確保するために、事前の品質確認や工場審査をし、「品質保証」や「瑕疵担保」についての規定をしっかりと契約で定める。コストを抑えるためには、「安いところに発注する」などと伝えなが

図表24 取引基本契約の背景―買い手の意図

「QCD」の面でベストの会社からベストの商品を購入する

	買い手の目的	契約外の措置	契約条項
Quality	高品質の製品を	○ 事前の品質確認 ○ 工場審査	品質保証・瑕疵担保条項
Cost	低価格で	○ 相見積もり ○ 価格交渉	価格変更条項
Delivery	タイムリーかつ安定的に購入する	○ 生産・納入体制の確認、審査	注文・納入条項

ら、複数の仕入先から事前に相見積もりをとり、必要に応じて価格交渉を試み、契約書の内容面では、価格の決定や変更に関して自社に有利な条項を設ける。デリバリーについては、相手の生産・納入体制に関する問題の有無を確認・審査し、契約条項では、商品の納入が遅れた場合に科すペナルティなど、注文や納入に関する条項を設ける、といったことなどが考えられる。

(4) 売り手から見た取引基本契約
① 売り手から見ると「理不尽な」契約になる

一方、売り手にとっての取引基本契約は、[図表25]に示したように、とりわけ「理不尽な」契約になりがちである。前述のように、買い手は「QCD」の面でベストの会社からベストの商品を購入するという意図を持っている。その上、たいていのケースでは、買い手が売り手より強い（買い手＝お客様）という力関係のアンバランスがある。さらには、自社の標準品の購買とカスタマイズ製品の製造委託を一体化した契約を結ばされることも多い。そのような取引では、カスタマイズした商品だけではなく、標準品までもが他の買い手への販売を制限されるなど、売り手が著しい不利益を被ることがある。

このように、取引基本契約は、ある意味で一方的な契約の形態であり、（売り手にとっての）実務のニーズに即していない面がある。それだけに、売り

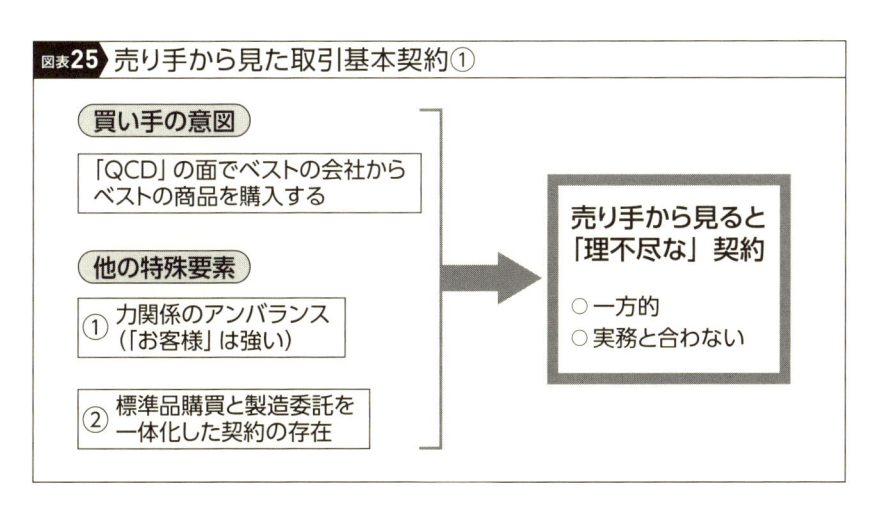

図表25　売り手から見た取引基本契約①

買い手の意図
- 「QCD」の面でベストの会社からベストの商品を購入する

他の特殊要素
- ① 力関係のアンバランス（「お客様」は強い）
- ② 標準品購買と製造委託を一体化した契約の存在

→ 売り手から見ると「理不尽な」契約
○ 一方的
○ 実務と合わない

② 売り手が感じる「理不尽な」条項例

売り手が感じる取引基本契約の「理不尽さ」が、実際の契約条項において具体的にどのような形で表れるかをまとめたのが［図表26］である。

第一に、品質不良や製造物責任、知的財産権侵害などの責任を、できるだけ売り手に負わせたいというのが買い手の典型的なスタンスである。そのような場合に、売り手が感じる理不尽な条項例としては、「品質保証期間の骨抜き」がある。具体的には、保証期間を「1年」などと定めておきながら、重要な瑕疵については、その期間が過ぎた後も売り手が責任を負うことを、契約で約束させられるのである。また、保証期間について売り手がコントロールできない起算点が設けられることもある。保証期間を「部品を売り渡してから1年」ではなく、「部品として組み込んだ商品が売れてから1年」などとするのが、その例である（ちなみに自動車メーカーの場合は「商品（自動車）をユーザーに納車してから○年」とすることが多い）。さらに、売り手の責任範囲が不合理に拡大されているような場合もある。

図表26 売り手から見た取引基本契約②

	買い手のスタンス	売り手が感じる「理不尽な」条項例
1	品質不良・製造物責任・知的財産権侵害などの責任をできるだけ売り手に負わせる	○品質保証期間の骨抜き ○保証期間の不合理な起算点 ○責任範囲が不合理に広い
2	注文・納入のフレキシビリティを確保しつつ、納期遅れは許さない	○納期遅れに対する厳しいペナルティ
3	技術的に対抗することを許さず、自社は強化したい	○標準品についても他社販売を禁止、知的財産権の吸い上げ
4	購入のコミットメントはしないが、長期安定供給は確保する	○契約終了後の継続供給義務 ○契約終了時の図面・型・機器などの貸与または譲渡

第二に、注文・納入のフレキシビリティを確保しながら、納期遅れは許さないというのも多くの買い手が要求することである。そのため、契約の中で納入遅れに対する厳しいペナルティを設定していることがある。

　第三に、売り手が技術的に対抗して競争することは許さずに、自社の技術は強化したいという狙いを買い手が持つことがある。このような狙いから、購入する商品の他社販売を禁止したり、売り手が製造の際に得た特許などの知的財産権を、買い手が吸い上げたりする内容の契約となっていることが多い。さらに、これらの規制が、買い手の仕様で製造委託された商品だけでなく、売り手の標準品に及ぶように定めている契約もある。そのような場合には、売り手としては、そのまま受け入れるわけにはいかなくなる。

　第四に、購入のコミットメント（「〇個買う」という約束）はせず、長期安定供給を確保したいというのも、買い手のよくあるスタンスである。そのため、契約終了後も売り手に補修用部品などの継続供給義務を課していたり、契約終了時に、売り手が製造に使用した図面や金型、機器などの貸与や譲渡を要求してくることがある。

③ 売り手にとっての取引基本契約書対応のセオリー

このように、取引基本契約は、売り手から見れば極めて理不尽な契約となっていることが多い。しかしながら、強い立場にいる買い手に対して契約内容の修正を求めたとしても、相手は簡単には応じてくれないだろう。では、売り手はどのような手段をもって、買い手に対して取引基本契約書の修正を要求し、それを承諾させるべきだろうか。[図表27]に沿って説明したい。

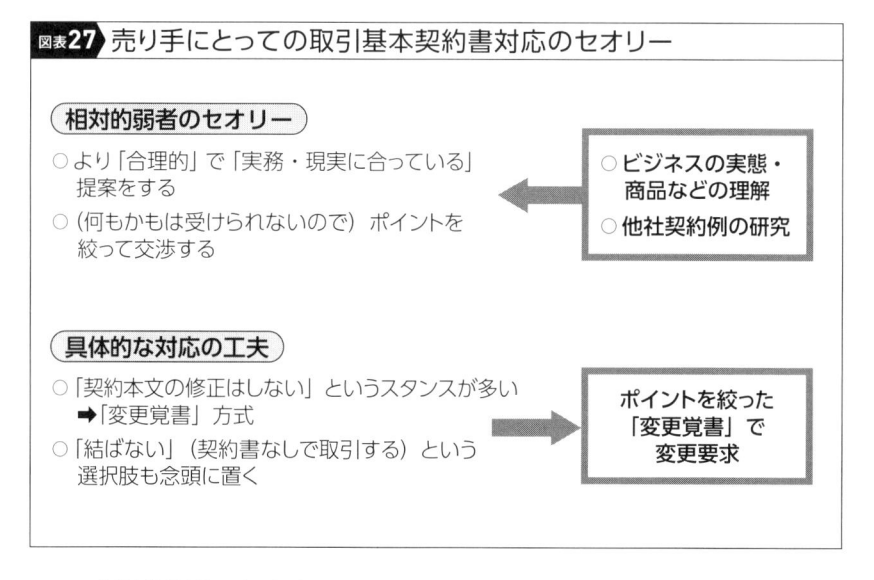

図表27　売り手にとっての取引基本契約書対応のセオリー

（相対的弱者のセオリー）
- より「合理的」で「実務・現実に合っている」提案をする
- （何もかもは受けられないので）ポイントを絞って交渉する

← ○ビジネスの実態・商品などの理解
　○他社契約例の研究

（具体的な対応の工夫）
- 「契約本文の修正はしない」というスタンスが多い
  ➡「変更覚書」方式
- 「結ばない」（契約書なしで取引する）という選択肢も念頭に置く

→ ポイントを絞った「変更覚書」で変更要求

A　相対的弱者のセオリー

まず考えるべきことは、より合理的で、実務・現実に合っている提案をすることである。取引基本契約は、各社に共通して適用されるものであるために、特定の2社間の特定の商品の取引については、実務とフィットしないことがある。例えば、標準品の売買なのに製造委託を前提とした取り決めが記載されているような場合であれば、それが現実と合っていないことを指摘し、標準品に関する取り決めと製造委託に関する取り決めが、明確に区別された契約書を提案するのである。また、力関係が弱い場合において、こちらが求めるすべての修正案を買い手に受け入れさせることは、現実的には難しい。そのため、修正したい点をプライオリティ付けして、ポイントを絞った上で交

渉せざるを得ない。

　このようなアプローチは、立場の弱い者から強い者に対して提案し、交渉を求めるケースにおけるセオリーと言える。「より合理的で、実務・現実に合った提案」というセオリーを実践するためには、まず法務担当者が、ビジネスの実態や商品などについて、買い手であるメーカー側の購買部門より深く理解していることが条件となる。さらに「ポイントを絞って交渉する」ためには、取引基本契約を巡る他社の契約例なども、十分に研究しておくことが必要である。

B　具体的な対応の工夫

　買い手に修正を求めるためのより具体的な対応の工夫には、以下のようなものがある。

　まず、買い手は、「契約本文の修正はしない」というスタンスをとることが多い。この点については、前述したように、契約内容が取引ごとに異なることを望まない買い手側の現実的な要請もあるので、ある程度やむをえない。そこで、契約本文には手を入れないとしても、別途、「変更覚書」の作成を求めてみるのである。その変更覚書の中で、「本契約では、買い手の『製品の販売時』が保証期間の起算点とされているが、これについては『売り手が部品を引き渡したとき』と読み替える」などというように、本文の条項の読み替えや、場合によっては条項そのものを適用しないこと、などを合意するのである。

　また、「契約書を締結せずに取引する」という選択肢をオプションとして持っておくとよいだろう。自社にとって、あまりにも不利な契約を強いられる場合には、むしろ「契約を結ばない方がまし」である。契約書の締結を買い手に強く迫られない限り、知らぬふりをして放置しておくのである。これが通じることは多くはないが、選択肢としては念頭に置いておくべきである。取引基本契約に対して、多くの場合は、ポイントを絞った「変更覚書」で変更を要求することが、法務担当者が採用しうる実際的な手段と言える。

5 | 価格を巡る交渉と契約条項

　ここまでは、代理店契約をはじめとした各種売買契約のセオリーについて論じてきた。ここからは、自社の利益を最大化することを目的とする、あらゆる売買契約に共通するセオリーについて解説したい。自社の利益を最大化するためには、自社に有利な価格を設定することが必要となる。価格を巡る交渉と契約条項に関しては、以下のようなポイントを押さえておきたい。

① 価格の定め方

　5個や10個程度の商品を売買するのであれば、取引ごとに個別に価格交渉を行えばよい。しかし、大量の商品を取り扱うときには、買い手側の標準価格（「リストプライス」または「カタログプライス」）をもとに、「リストプライスの〇％引き」というような形で割引交渉を行うことになるだろう。

② 価格の改定の規定

「価格」については、買い手は、継続的なコストダウン圧力などとともに、毎年のように引き下げを要請してくるものだが、それとは別に、契約の中で価格改定に関する取り決めを行う場合がある。多くのケースでは、売り手側からの値上げ要求が認められる状況などを定めることになるだろう。具体的には、高騰した原材料費や輸送費の価格への転嫁方法、価格改定の頻度、売り手側による一方的な価格変更を可能とする条項を盛り込むか、といった点が検討される。売り手側からの一方的な価格改定については、取引基本契約のように買い手側が有利な契約では難しいものの、代理店契約のように売り手側が強い立場にある場合には受け入れられることが多い。

③ 為替変動と価格の改定

　価格改定にも関連するが、海外との取引の場合には、為替変動に関する取り決めが大きな問題となる。まっさきに議論となるのが、売り手側と買い手側のどちらの通貨を基準とするかである。例えば、日米間の取引において円

建てで価格を決定すれば、日本側は為替変動のリスクをとらなくて済むが、逆にドル建てで価格を決めた場合には、日本側が為替変動リスクを負うことになる。

また、基準通貨を相手側に譲った場合でも、為替変動リスクを一方的に負うことは、できれば避けたいはずだ。そこで、為替変動リスクの分担方法について交渉する必要が出てくる。例えば、「1ドル＝100円」を基準に価格を決定したとして、為替レートが10％以上変動したときは変動分を折半する、あるいは10％以上変動したときは、一度そこでリセットし、あらためて価格を協議する、などという形で、具体的に価格の見直しを行うことがある。

④ 最低購入保証と未達成時のペナルティ

前述の通り、独占販売権を付与する場合、カスタマイズコストを負担する場合、ボリュームディスカウントを受け入れる場合などは、その見返りとして最低購入保証を定めることがある。最低購入保証を課す際には、それが守られなかった場合のペナルティも定めておくことが必要である。

コスト負担やディスカウントの見返りの最低購入保証であれば、「未達成1台につき○円」や価格の遡及引き上げというように金銭的なペナルティを科し、コストやディスカウントした金額を回収するのが合理的である。また、最低購入保証が独占販売権付与の代償である場合には、保証数量を達成できなかったときは、メーカー側が契約を解除または非独占の契約に変更できると定めておくことも有効だろう。

⑤ 最恵顧客待遇条項

これについては本章3（4）を参照してもらいたい。

6 │ 取引リスクのアロケーション

商品に不具合などがあった場合のリスク・アロケーション（リスク配分）は、潜在的に利益に影響を及ぼす重要な問題である。売買契約書で記載されるこ

との多い、「品質保証」をはじめとする条項は、問題発生時のリスク・アロケーションについて定めるものであり、利益の最大化という観点から、商品の価格と同等に重要な意味を持っている。リスク・アロケーションを扱った条項に関しては、以下のような事項に注意を払っておきたい。

- **品質保証の期間と内容**
    例えば、品質保証期間を1年と定めた場合には、1年間は売り手がリスクを負い、それ以降は買い手がリスクを負う、ということを意味する。
- **特許侵害時の対応と補償責任**
    メーカー側が提供した商品について第三者との間に特許権を巡る紛争が生じた場合に、それによって生じた損害などを、売り手と買い手のどちらが負担するかを定めることがある。買い手側が全面的にリスクを負う代わりに、商品の価格を安くすることを求める場合もある。
- **リコール発生時の措置**
    商品に不具合が発覚し、回収しなければならない場合に、どちらがそのコストを負担するのかについて定めておく。
- **損害賠償額の上限**
    損害賠償の負担が過大なものにならないようにするために、取り決めておくことがある。

このようなリスク・アロケーションに関する条項を定める場合には、「リスクをとるなら、それに見合ったリターンを、この取引から得られるのか」ということを意識しておかなければならない。本来であれば、品質保証条項、知的財産権侵害条項、賠償額上限条項などによって増減するリスクを、問題発生の確率などをもとに定量化し、予想されるリスクと金額とが見合っているかどうかをシステマティックに計算することが望ましい。「品質保証」を例に挙げれば、商品引渡し後2年目に発生する不具合の確率と、それに関するコストを定量的に割り出せば「この値段であれば保証期間は1年でよい」などと判断できるわけである。そこまでの対応は実際には難しいだろうが、

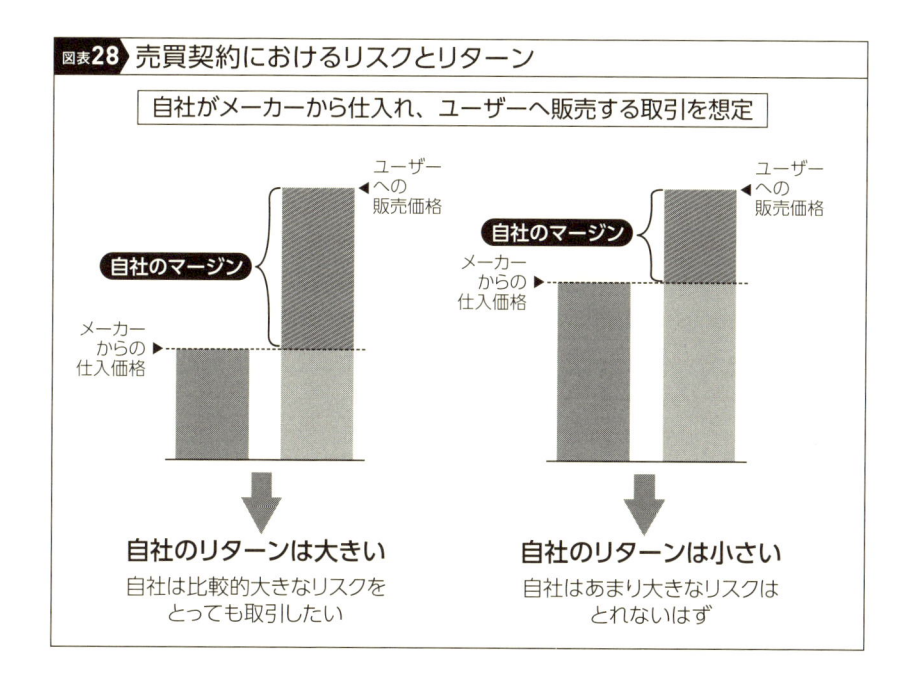

> 図表28　売買契約におけるリスクとリターン

自社がメーカーから仕入れ、ユーザーへ販売する取引を想定

（左図）
- メーカーからの仕入価格
- 自社のマージン
- ユーザーへの販売価格

→ **自社のリターンは大きい**
自社は比較的大きなリスクをとっても取引したい

（右図）
- メーカーからの仕入価格
- 自社のマージン
- ユーザーへの販売価格

→ **自社のリターンは小さい**
自社はあまり大きなリスクはとれないはず

法務担当者には、このようなリスクとリターンの損得勘定を可能な範囲で行うことが求められる。

その際には、[**図表28**]に示したような考え方が判断の参考になるだろう。自社がメーカーから商品を仕入れ、ユーザーへ販売する取引を想定したときに、ユーザーへの販売価格からメーカーからの仕入価格を引いたものが自社のマージン（利益）となる。そのマージンが大きい商品であれば、リターンが大きいと言えるため、比較的大きなリスクをとってもよい、ということになる。逆にマージンが小さい場合はリターンが小さいため、過大なリスクをとることは適切ではないと言える。

法務担当者がリスクを指摘しても、事業部門としては、たとえリスクをとってでも取引を進めざるを得ないという状況もある。そのようなケースでも、上記のようなリスクとリターンのバランスを十分に理解していれば、リスクをとることへの賛否の判断を適格に行うことができるだろう。

第2章 開発委託契約

商品やソフトウェアなどの開発を委託する開発委託契約は、開発という行為が持つ不透明性や、開発によってもたらされる成果物の取扱いなどを巡り、委託者側、受託者側それぞれに、売買契約とは異なる特殊な思惑が生まれる。そのような両当事者の思惑をどのように契約に反映していくのか。それが、開発委託契約というゲームを理解するための重要な鍵となる。

1 │ 開発委託契約とは

開発委託契約は、一方の当事者が相手方当事者に対して、商品やソフトウェアなどの開発を委託する契約である。委託するのは商品の一部、あるいはソフトウェアの一部である場合もある。また、成果物は完成品ではなく、多くの場合は試作品、図面など（ソフトウェアの場合はソフトウェア・プログラム）になる。一種の請負契約であり、引き渡した成果物に対して一定の瑕疵担保責任を定めることが多い。

商品の開発を委託する場合には、試作品までの取引となり、量産の段階では製造委託契約など別の契約を結ぶことになる。つまり、開発を依頼した会社に量産まで委託する場合もあれば、量産については別会社、あるいは自社で行うというケースもある。開発委託契約の中でも特に複雑なシステム開発委託契約については、次章で扱うこととする。

2 │ 開発委託契約というゲーム

(1) 委託者の立場

開発委託契約というゲームの構図は、[図表29] のような形となっている。開発を委託する立場（委託者）から見ると、ある商品やソフトウェアの開発を自社で行うのではなく、それをより得意とする会社に依頼することに、開

図表29　開発委託契約というゲーム

委託者の立場から
- ある商品やソフトウェアの開発をより得意な会社に依頼する
  - ▷より早く開発するため
  - ▷より安く開発するため
  - ▷より高機能に開発するため
- 開発成果は、自社開発したものと同様に自社のものにしたい
- 予定通り開発完了してほしい

受託者の立場から
- 開発にかかるコストは回収し、開発そのもので利益を出したい
- 開発成果は、できれば他のテーマでも活用したい
- 自社で量産もできる場合、量産の商談にもつなげたい

↓↓

- 対価（開発費）の高さと、開発成果のヨコ展開の自由度というトレードオフの関係が存在する
- 委託者にとっては、予定通り開発完了する可能性を上げることが課題

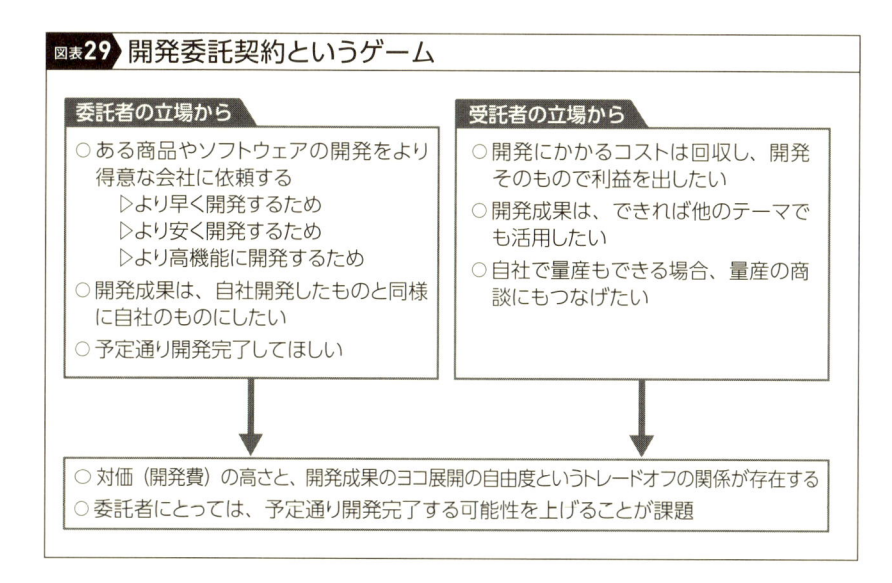

発委託契約を結ぶ狙いがある。すなわち、より早く開発するため、より安く開発するため、より高機能に、高品質に開発するために、他社に開発を委託するわけである。

しかも、委託者には、開発による成果を、自社で開発したものと同様に自社のものにして、受託者が他社向けに使用することを禁じたいという思惑がある。それに加えて、予定通りに開発を完了してもらわなければ困る、というのが委託者の基本的な立場と言えるだろう。

(2) 受託者の立場

一方、受託者の立場から見た場合ではどうだろうか。まず、開発には手間や人件費などのコストがかかるため、開発に要するコストをきっちりと回収し、開発の受託という取引そのもので利益を出したいと考えるだろう。また、開発の成果は、できれば他社向けのテーマでも活用したいはずだ。さらに自社に製品を量産する能力がある場合には、量産の商談にまでつなげたい、というのが開発委託契約における受託者の基本的な立場である。

これらすべてを実現できたとすれば、受託者としては、まさに"一粒で三

度おいしい取引"である。

(3) 両者の立場から読み取れること

このような委託者、受託者双方の立場から、開発委託契約というゲームをとらえたとき、第一に問題となるのは、対価（開発費）の高さ・低さと、開発の成果を他社向けに転換することを認めるか否か（横展開）という、2つの異なる要素の関係性である。この2つの要素には、「トレードオフ（二律背反）」の関係が存在すると言ってよい。すなわち、委託者は報酬を多く払えば払うほど、受託者が成果物を他社向けに使うことを禁じやすくなるし、また禁止したくなるだろう。

また、委託者の立場から見れば、他社に開発を任せることは不確定要素に他ならない。予定通りに開発を完了させる可能性をどのようにして高めるか、つまり、開発遅延・不能リスクへの対策が、第二の問題として挙げられる。

3 | 対価と横展開のトレードオフ

上記のような2つの問題は、契約交渉あるいは契約条項にどのような影響を及ぼすだろうか。

まずは、対価と横展開のトレードオフに関して、注意すべきポイントについて見ていこう。[図表30]では、グラフの縦軸に委託元からの報酬の高低、横軸に他社展開の自由度の大小（成果物を他社向けに使っていいか否か）が示されている。

グラフの左上の方を見ると、受託者が十分な開発費の支払を受ける、または開発費は安価であっても委託者から量産時の一定数量以上の購入の約束をとりつけるなどして、開発自体から利益を得られる場合には、開発成果を他社向けに活用せずとも、受注することが可能になる。このようなケースでは、委託者向けの専用開発となっても、何ら問題はないことになる。

逆に、開発テーマの汎用度が高く、他社向けにも通用するようなテーマであれば、受託者の側には他社向け展開の自由度を優先するという選択肢が生

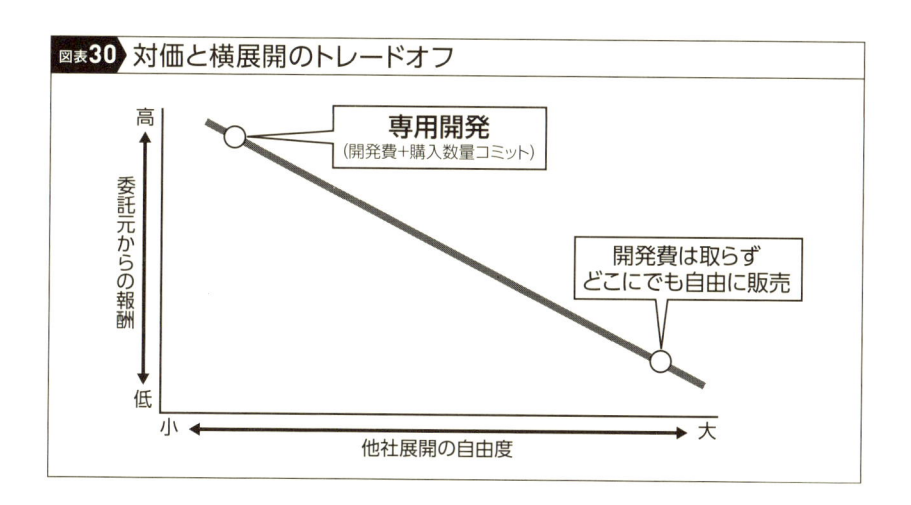

図表30　対価と横展開のトレードオフ

（縦軸：委託元からの報酬　高〜低／横軸：他社展開の自由度　小〜大）

- 左上：**専用開発**（開発費＋購入数量コミット）
- 右下：開発費は取らずどこにでも自由に販売

まれてくる。つまり、開発そのものから十分な利益を得られなかったとしても、「他社向けと併せて利益が出ればよい」というオプションがもたらされるのである。そのような場合には、支払われる対価の高さ・低さへの関心度は下がり、むしろ他社向けに成果物を使えるか否かが重要な問題となるだろう。さらに言えば、開発テーマそのものが、受託者にとって強く興味をそそられるものであり、開発を経験すること自体に価値があるような場合には、たとえ対価がゼロでも受けるという極端なケースさえありうる。

　個々の開発委託契約が、グラフのどの位置に落ち着くのかは、委託者と受託者との力関係にも左右される。力関係によっては、グラフの直線から大きくはみ出すことも出てくるだろうが、法務担当者は、開発委託契約における対価と横展開のトレードオフを十分に理解し、契約交渉に取り組まなければならない。

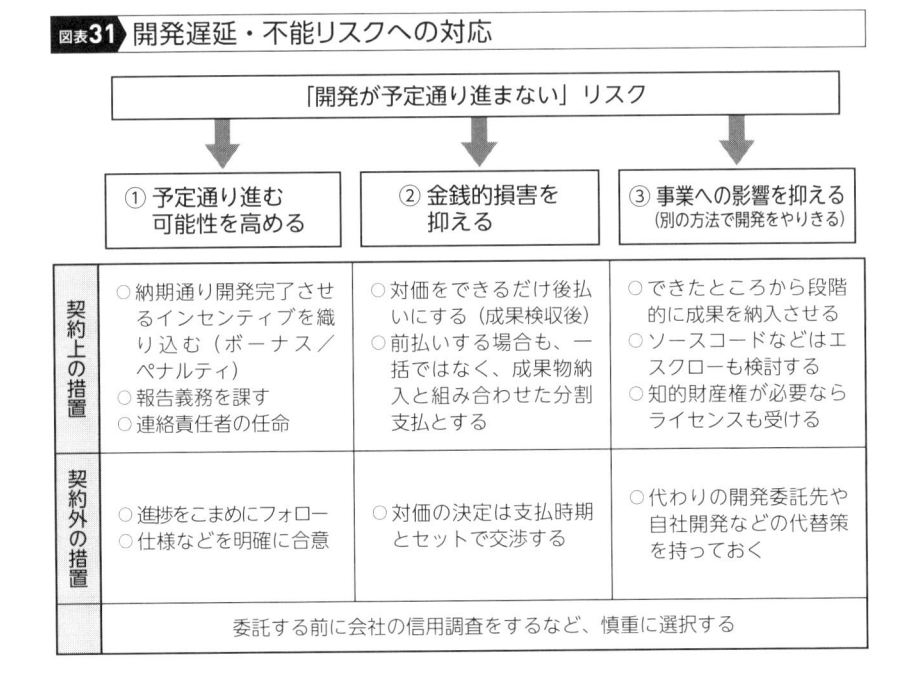

図表31 開発遅延・不能リスクへの対応

	① 予定通り進む可能性を高める	② 金銭的損害を抑える	③ 事業への影響を抑える（別の方法で開発をやりきる）
契約上の措置	○納期通り開発完了させるインセンティブを織り込む（ボーナス／ペナルティ） ○報告義務を課す ○連絡責任者の任命	○対価をできるだけ後払いにする（成果検収後） ○前払いする場合も、一括ではなく、成果物納入と組み合わせた分割支払とする	○できたところから段階的に成果を納入させる ○ソースコードなどはエスクローも検討する ○知的財産権が必要ならライセンスも受ける
契約外の措置	○進捗をこまめにフォロー ○仕様などを明確に合意	○対価の決定は支払時期とセットで交渉する	○代わりの開発委託先や自社開発などの代替策を持っておく
	委託する前に会社の信用調査をするなど、慎重に選択する		

4｜開発遅延・不能リスクへの対応

次に、[図表31]を参照しながら、開発遅延・不能のリスクへの対策に関するポイントを見ていこう。前述したように、開発委託契約では、受託者に最後まで予定通り開発してもらうことが、委託者にとって重要なテーマとなる。だが、開発とは基本的に新しいものを生み出す行為であるため、多分に不確定要素を伴わざるを得ない。自社で行う開発であれば、例えば、開発に遅れが生じた場合には自社の開発部門スタッフに命じて休日出勤してでも仕上げる、といったフレキシブルな対応で遅れを取り戻すことができるかもしれない。しかし、他社に開発を委託する場合には、委託者側からのコントロールが難しく、開発が予定通りに進まないリスクが高まる。そのような状況に対する備えを、契約上どのように定めるのか。さらには契約外でどのような措置をとるかが問題となってくるのである。

このような開発遅延・不能リスクへの備えとして、「予定通り進む可能性を高めるアプローチ」、「金銭的損害を抑えるというアプローチ」、「事業への影響を抑えるアプローチ」という3つのアプローチを紹介したい。以下、それぞれについて見ていこう。

① 予定通り進む可能性を高めるアプローチ
≪契約上の措置≫
　まず、開発を納期通りに進めるために、インセンティブとペナルティについて取り決めることが考えられる。納期通りに開発を完了させた場合にはプラスアルファの"ボーナス"を支払う、逆に納期に間に合わなかったときは報酬を減額する、といった事項を定めた条項を、契約書に盛り込むのである。また、所定の書式で定期的に進捗状況を報告するよう、報告義務を課すことを検討してもよいだろう。さらに、受託者側の連絡責任者を任命し（契約書にその名前を記載する）、確実に進捗を報告させることもよく行われる。

≪契約外の措置≫
　自社の事業部門に進捗具合をこまめにフォローさせること、開発がスタートする前に、委託者と受託者双方が商品の仕様などに関して明確に合意すること、開発する商品・システムの目的やイメージを共有することなどが、ことのほか重要である。開発に着手するまでに、不確定要素を可能な限り減らしておくことで、開発が予定通りに進む可能性は高くなる。

② 金銭的な損害を抑えるアプローチ
≪契約上の措置≫
　対価はできるだけ後払いにすることが望ましい。成果物を検収し、問題がないことを確認してから、開発費を支払うようにするのである。また、相手の会社が比較的小規模である場合などには、開発中の人件費について前払いを求めてくるかもしれない。このような要求に応じる場合も、全額を前払いにすることは避けるべきだ。図面の完成、試作品1号機の完成、2号機の完

成……というように、成果物納入の段階ごとに、分割払いにするべきである。

≪契約外の措置≫

対価の額を支払時期とセットで交渉し、上記のような分割払いの条件などを相手に承諾させるための交渉材料にする、といったやり方を検討してみてもよいだろう。

③ 事業への影響を抑えるアプローチ
≪契約上の措置≫

委託した会社が、開発を完了できなかった場合には、他の手段を用いて開発をやり遂げるよう努めなければならない。そのためには、完成したものから段階的に成果を納入することを契約で定め、受託者が開発全体の完了に至らなかった場合でも、そこまでの成果を開発の次の段階で使えるようにしておくことが合理的だろう。極端に言えば、開発の途中で受託者が倒産することもありうるので、完成した成果については、速やかに引き渡しを受けられるような内容の契約を結んでおきたい。

また、開発対象がソフトウェアの場合は、「ソースコード」の扱いに特別な注意が必要である。ソースコードとは、コンピューターへの命令・指示をプログラミング言語で記述したもので、文字が羅列した状態となっている。契約で、自社がソースコードを得られるように取り決めておくことがベストだが、それを拒まれた場合には、「ソフトウェア・エスクロー」の利用を検討してみるとよいだろう。

ソフトウェア・エスクローとは、受託者との合意のもと、開発委託されたソフトウェアのソースコードをエスクロー・エージェントなどと呼ばれる第三者機関に預け、開発完了の担保とすることである。開発が完了しないときや受託者が倒産したときなどに、委託者は第三者機関からソースコードの引き渡しを受けるという仕組みになっている。日本ではあまり一般的ではないが、アメリカでは、ベンチャーのソフト会社がベンチャーキャピタルから出資を受ける際に、その担保としてソフトウェアのソースコードをエスクロー

しておくことなどはよく行われている。日本でも一般財団法人ソフトウェア情報センターがソフトウェア・エスクローのサービスを行っている。

さらに、開発委託先のソフトウェアや既存の知的財産権が必要であれば、ライセンスを受けておき、開発途中の段階でも、それらを利用すれば自社単独で完成できる、という状態を確保しておきたい。

≪契約外の措置≫

代わりの開発委託先のあたりをつけておくこと、コストが余分にかかったとしても自社開発できる準備をしておくことなど、万が一の場合に備えた代替策を持つことを意識しておきたい。

以上、①から③のアプローチに共通して求められる契約外の措置としては、実際に委託する前に、委託先が技術的・財務的に問題がないかをしっかり確認しておくことである。財務面については信用調査会社などに調査を依頼する、技術面については業界内の評判や他社が委託した例を調べるなどして、慎重に開発先を選択することが大切である。

第3章 システム開発契約

　システム開発契約は開発委託契約の一種であり、業務用システムの開発を委託するものである。通常の開発委託契約と比較して複雑であること、請負と準委任の要素が混在していることが、その大きな特徴であり、契約書の作成にあたっては注意すべきポイントが多岐にわたってくる。まずはその特殊性を理解した上で、システム開発契約のセオリーを学んでいこう。

1 │ システム開発契約とは

　システム開発契約は、ソフトウェアの開発を他社に委託するものである。ソフトウェアとは、コンピュータに一定の動作をさせる手順や命令をコンピュータが理解できる仕組みのもとに記述したものである。ハードウェアとソフトウェアの関係については、[図表32] にまとめてみた。業務などで使っているパソコンはハードウェアであり、その中に「ワープロソフト」などのソフトウェアがインストールされており、さらにその中にデータが入っているという構成になっている。ハードウェアであるコンピュータについては、

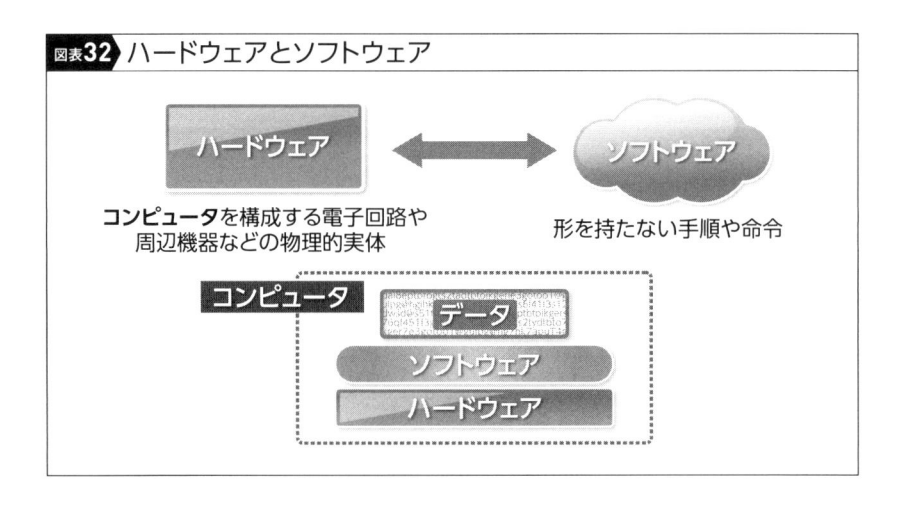

図表32　ハードウェアとソフトウェア

- ハードウェア ⇔ ソフトウェア
- コンピュータを構成する電子回路や周辺機器などの物理的実体
- 形を持たない手順や命令
- コンピュータ：データ／ソフトウェア／ハードウェア

それを構成する電子回路や周辺機器など物理的な実体があるのに対して、ソフトウェアは手順や命令であるため、目に見えない。

ソフトウェアというと、「Microsoft Office」のようにパッケージで販売されている商品を思い浮かべるかもしれないが、企業活動に欠かせない業務用システムも、ソフトウェアの一種である。社内の会計処理、注文受付、生産管理などに使われる業務用システムは、ほとんどの場合、自社ですべてを開発しているわけではなく、システム開発会社に開発を委託しているはずである。ここでは主に、そのような業務用システムの開発を委託するケースを想定して、具体的に解説していきたい。

2 業務用システム開発契約というゲーム

業務用システム開発契約というゲームの最も大きな特徴は、その複雑さにある。しかも、その複雑さは「開発プロセス」、「対象システム」、「既存システムとの関係」、「継続使用の必要性」など、さまざまな面で存在する（[図表33] 参照）。以下、順に見ていくことにしよう。

(1) 開発プロセス

業務用システムの開発においては、システムの企画、開発、運用から保守まで幅広いプロセスがあり、各段階における業務の性質、必要なスキル、リスクはそれぞれ異なる。しかも、1つのベンダーにすべてのプロセスを委託する場合と、プロセスごとに複数のベンダーに委託する場合があり、特に後者の場合にはゲームの複雑性がさらに増すことになる。

(2) 対象システム

システムの中には「パッケージソフトウェア」と呼ばれるものがある。これは、注文受付や生産管理、販売など、企業活動全体をカバーするソフトウェアで、「ERP（Enterprise Resource Planning／エンタープライズ・リソース・プランニング）パッケージ」などとも言う。パッケージソフトウェアを導入

図表33　システム開発関連契約の複雑性

開発プロセス	○ システムの企画、開発から運用、保守まで幅広いプロセス ○ 各プロセスで業務の性質、必要なスキル、リスクは異なる ○ 1つのベンダーに全プロセスを委託する場合、プロセスごとに複数のベンダーに委託する場合あり
対象システム	○ パッケージソフトウェア（一部カスタマイズ） ○ 新規開発 ○ パッケージソフトウェア ＋ 新規開発の組み合わせ
既存システムとの関係	○ 既存システムを置き換えるための開発も多い ○ その場合、既存システムからのデータの移管が必須 ○ 既存システムと使い方が違うため、ユーザー教育も必要
継続使用の必要性	○ 社内システムとして継続的に使い続けることが必要 ○ 「運用」「保守」といった業務が発生

する際には、自社の業務シーンでの使い勝手をよくするために、部分的なカスタマイズを行うことがある。

　このようなパッケージソフトウェアを導入するのではなく、新規に会社のニーズに合ったシステムの開発を依頼することもある。さらに、パッケージソフトウェアと新規開発を組み合わせたシステム開発もあり、その形態は企業の数だけ存在すると言っても過言ではない。

　パッケージソフトウェアのみを導入する場合には、ソフトが動作しないリスクは低いが、これまで社内で行われてきた作業の方法を、ソフトに合わせて変える必要が生じる。また、パッケージソフトウェアのカスタマイズを要求する場合には、カスタマイズに要する時間と費用が必要となる。これは新規開発を依頼する場合やパッケージソフトウェアと新規開発を組み合わせる場合も同様である。

(3) 既存システムとの関係

　新たなシステムの開発を委託する場合であっても、委託元の企業は従前の業務で使われてきた何らかのシステムを持っているはずだ。それはとうに時代遅れとなったシステム（よく「レガシー・システム」などと言われる）かもしれないし、部分部分に修正を施して、いわば"つぎはぎ"しながら運用されてきたシステム（よく「増築を重ねた温泉旅館」にたとえられる）かもしれない。いずれの場合であっても、新たなシステムを利用するためには、既存のシステムからスムーズにデータを移管する必要がある。また、既存のシステムと使い勝手が違うことは避けられないため、システムの開発者などに社内のユーザー教育を依頼することなども考えなければならないだろう。

(4) 継続使用の必要性

　導入したシステムは、社内システムとして日々の業務の中で継続的に使用されることになる。そのため、「ソフトウェアが完成したら終わり」というわけにはいかず、受託者側には、その後の運用・保守といった業務が発生する。具体的には、システムの安定的なオペレーションを確保するためのサポートやバグの修正、使い勝手の悪い箇所を手直しするといった業務を行うことになる。

3 | システム開発のプロセスと契約

　システム開発のプロセスについては、経済産業省がモデル契約の例（[図表34]参照）を作成しており、これが非常に参考になる。そこでは、以下の4つのプロセスが想定されている。

① 企画プロセス
② 開発プロセス
③ 運用プロセス
④ 保守プロセス

　①「企画プロセス」は、さらに「システム化の方向性を決める段階」、「システム化を計画する段階」、ソフトウェアに組み込むべき具体的な項目を決める「要件定義の段階」に分割される。同様に②「開発プロセス」についても、要件定義をもとにフローチャートを書くなどの作業を行う「システム設計の段階」、「ソフトウェアを設計・プログラミング・ソフトウェアテストを行う段階」、「システムテストを行う段階」に分かれる。その後、実際にデータを動かし、運用テストを経て、③「運用プロセス」、④「保守プロセス」へと続いていくわけである。

　システム開発の中には、② 開発プロセスのように、一定の成果物を完成する代わりに対価を得る請負的な業務と、① 企画プロセスのように何らかの成果物を完成させるというよりはベンダー（受託者）からのアドバイスを受けながら企画を作り上げていく、準委任と呼ばれる業務が混在している。

　そのため、システム開発全体を単一の契約で行うのは難しく、ことに大規模なシステム開発については、プロセスごとに個別契約を結び、その業務の特性に合わせて、「このプロセスは請負契約に」、「このプロセスは準委任契約に」という形で、契約モデルを使い分けるのが一般的となっている。

▶第3章 システム開発契約

図表34 システム開発のプロセスと契約

経済産業省モデル契約の例

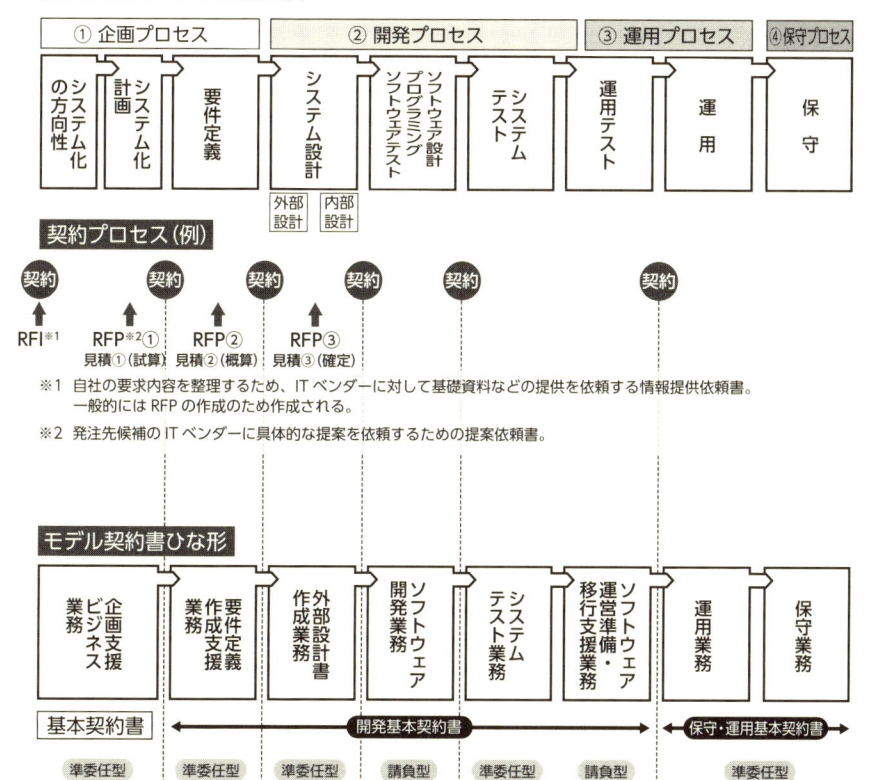

① 企画プロセス	システム化の方向性 / システム化計画 / 要件定義
② 開発プロセス	システム設計（外部設計・内部設計）/ ソフトウェア設計 プログラミング ソフトウェアテスト / システムテスト
③ 運用プロセス	運用テスト / 運用
④ 保守プロセス	保守

契約プロセス（例）

- 契約 → RFI※1
- 契約 → RFP※2① 見積①（試算）
- 契約 → RFP② 見積②（概算）
- 契約 → RFP③ 見積③（確定）
- 契約
- 契約
- 契約

※1 自社の要求内容を整理するため、ITベンダーに対して基礎資料などの提供を依頼する情報提供依頼書。一般的にはRFPの作成のため作成される。
※2 発注先候補のITベンダーに具体的な提案を依頼するための提案依頼書。

モデル契約書ひな形

業務	契約書	型
企画支援業務（ビジネス）	基本契約書	準委任型
要件定義作成支援業務	開発基本契約書	準委任型
外部設計書作成業務	開発基本契約書	準委任型／請負型
ソフトウェア開発業務	開発基本契約書	請負型
システムテスト業務	開発基本契約書	準委任型／請負型
ソフトウェア運用準備・移行支援業務	開発基本契約書	請負型
運用業務	保守・運用基本契約書	準委任型
保守業務	保守・運用基本契約書	準委任型／請負型

出所：経済産業省資料

> **システム開発関連契約の複雑性**
> 「請負」要素と「準委任」要素の混在
>
> ↓
>
> 開発プロセスごとに別（個別）契約とし、業務の特性に合わせて、「請負」と「準委任」のモデルを使い分ける

図表35 契約類型—請負と準委任

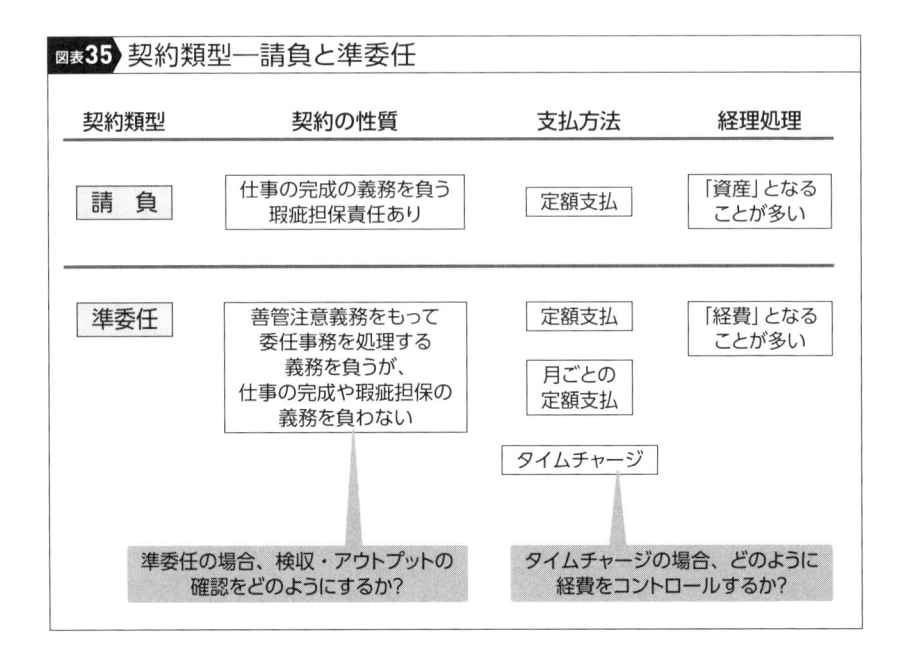

契約類型	契約の性質	支払方法	経理処理
請負	仕事の完成の義務を負う 瑕疵担保責任あり	定額支払	「資産」となることが多い
準委任	善管注意義務をもって委任事務を処理する義務を負うが、仕事の完成や瑕疵担保の義務を負わない	定額支払 / 月ごとの定額支払 / タイムチャージ	「経費」となることが多い

準委任の場合、検収・アウトプットの確認をどのようにするか？

タイムチャージの場合、どのように経費をコントロールするか？

4 請負と準委任

　契約モデルを適切に使い分けるためには、「請負」と「準委任」の委託形態の違いを十分に理解しておく必要があるだろう。

　[図表35]は、請負と準委任の特徴と相違点をまとめたものである。請負は、仕事完成の義務を負い、完成した仕事に問題があった場合には、瑕疵担保責任を負う。報酬の支払方法は、通常、一定の仕事に対する一定額の対価を決める定額支払になる。また、経理処理上は、「経費」ではなく「資産」として扱われることが多い。例えば、システム開発のために1億円かかった場合であれば、1億円の資産として計上し、減価償却していくことになる。

　一方、準委任は、善管注意義務をもって委任業務を処理するという義務を負うものの、仕事完成の義務はなく、瑕疵担保責任も負わない。支払方法は、定額支払や、契約期間が数ヵ月に及ぶ場合には月ごとの定額支払、さらにはタイムチャージというケースもある。経理上の処理について一律に言うこと

はできないが、システムの基本構想などについてコンサルタント的なアドバイスを得るだけの場合には、「資産」としてはとらえにくいため、「経費」として扱われることが多い。

　もっとも、後述するように、準委任の場合についても、成果をどのように確認するかという問題は生じうる。また、支払方法がタイムチャージの場合には、どのように経費をコントロールするかも課題となる。

5｜契約上の主な論点

　システム開発の複雑性、請負と準委任の要素の混在を前提として、開発プロセスごとに個別契約へと分け、業務の特性に合わせて請負と準委任のモデルを使い分けることが、システム開発契約の大きな構図となる。そのような構図の中で、契約交渉や契約書締結を行うにあたり、特に注意を払うことが求められる論点について見ていこう。

① 契約類型を「請負」とすべきか「準委任」とすべきか

　どちらにすべきかが明白なものと、いずれもありうるというものが存在する。例えば、委託者側としては請負の形にして、成果物について瑕疵担保責任を負わせたいが、受託者側としては、「相談を受けてコンサルティングをするのだから、具体的なアウトプットは約束できない。ゆえに準委任にしたい」という場合もあるだろう。このような場合には、請負と準委任のどちらの性質が強いかを客観的に判断して決めることになるはずだ。契約審査などの業務を行うにあたり、法務担当者は、社内のシステム部門にヒアリングを行うなどして、システム開発の各プロセスで、具体的にどのような作業が行われているかを適確に把握することが求められるだろう。

②「タイムチャージ」型の場合の予算コントロールの方法

　準委任で支払方法をタイムチャージとする場合には、事前の想定以上に高額な費用を請求されることを避けるため、予算をコントロールすることが必

要となる。実際の方法としては、支払額の上限を決めておく、あるいは事前に見積もりをとり、その金額を超えそうになった場合に事前通知を要求する、といったやり方が一般的である。

③ 成果物は何か

準委任の場合には、何が成果物なのかが問題となる。システム開発の計画段階であれば、企画書や計画書のような文書を成果物として想定できる。また、運用業務を準委任する場合には、毎月、業務報告書の提出を求めるといったように、成果が目に見える形にしておく工夫が必要である。

一方、請負の開発の場合は、ソースコードの納入が議論の対象となるだろう。システムを開発するベンダー側が、積極的にソースコードを開示するような状況は、通常であれば考えられない。ソースコードは受託者自身が保有し、保守も含めた継続的なサービスで利益を得たいという思惑があるためである。もっとも、委託者側からの特注部分が多く、しかもすべての開発費が支払われているのであれば、委託者がソースコードを要求することは決して不合理ではない。この点は前章で取り上げた、「対価と横展開のトレードオフ」の問題と同様に考えることができるはずだ。

④ 瑕疵担保責任の範囲

システムの開発委託では、「60日」や「90日」といった比較的短い期間を瑕疵担保期間として設定し、実際に開発されたシステムが業務の中で運用され始めてから、別途、保守契約を結ぶ例が多い。このような保守契約を結ぶ際には、瑕疵担保責任の期間であるにもかかわらず、保守費用を請求されるケースがある。そのような場合は、保守を含めて瑕疵担保期間中は無償で対応し、期間終了後から保守費用が発生すると主張することも可能なので、注意が必要である。

⑤ 損害賠償額の制限

瑕疵担保責任の範囲と関連して、損害賠償額の上限を置くか否か、また上

限を置く場合の金額が議論になることも多い。システムとは、そもそも不確定要素を多く含んだものであり、不具合の発生を完全に排除することは不可能である。にもかかわらず、システムの不具合によって業務がストップした場合の損害をすべて賠償しなければならないとなると、受託側が支払う賠償額は、青天井になりかねない。そのため、システム開発については、損害賠償額の上限を定めることが、業界の慣例になりつつある。

　上限額の設定に関しては、受託者側の立場から考えれば、開発プロセスのそれぞれの段階でかかった開発費を上限とする、あるいは1ヵ月単位で契約している場合であれば、1ヵ月分の報酬額を上限としたいところだろう。一方、開発プロジェクト全体を任せた委託者の側から見れば、プロジェクト全体の開発費か、少なくともすでに支払ったすべての開発費に相当する額を賠償させたいはずである。また、契約期間が1年にわたることを想定していた場合であれば、たとえ1ヵ月単位の契約であっても1年分を上限にするよう要求したいと考えるだろう。

　このように、賠償額の上限設定については、決まったルールがなく、交渉のポイントとなりやすい。

⑥ 著作権の帰属

　前述したソースコードの納入とも関係してくるが、ソフトウェアの著作権を委託者と受託者のどちらに帰属させるかという問題も、システム開発契約における主要な検討課題となる。これについてもやはり、最終的には「対価と横展開のトレードオフ」の考え方によって、解決を図っていくことになるだろう。

　具体的には、著作権の帰属の定め方としては、次のようなバリエーションが考えられる（委託者に有利なものから順に記載する）。

(i) （既存のソフトウェアを除き）著作権は委託者に帰属（譲渡）
(ii) 著作権は委託者に帰属するが、同種のプログラムに共通して利用されるルーチン・モジュールは受託者に留保
(iii) 著作権は委託者と受託者で共有する

(ⅳ) 著作権は受託者に帰属し、委託者には使用権を許諾する

　以上、第1章から第3章までは、「売買契約」、「開発委託契約」、「システム開発契約」それぞれのセオリーについて見てきた。次章からは、契約以外の典型的な法務案件である、「品質クレーム紛争」、「民事訴訟」、「株主総会」、「国際法務」を担当する際の案件処理のセオリーを、順に解説していきたい。

第4章 品質クレーム紛争

ここまでは、契約に関する案件処理のセオリーを解説してきた。本章および第5章では、こちらもやはり法務部が扱う典型的案件である、紛争解決・訴訟というゲームのルールを見ていくことにする。まず本章では、その中でも特に法務担当者が関わる頻度の高い、品質クレーム紛争への対応について解説する。

1 | 紛争解決のフレームワーク

品質クレームに限らず、あらゆる紛争解決には［図表36］に示したような基本的なフレームワークがある。この図に従って紛争問題のとらえ方と、実務のポイントを説明していきたい。この種の案件に取り組むにあたって、法務担当者が最初にやるべきことは、紛争の構図を俯瞰的にとらえること、

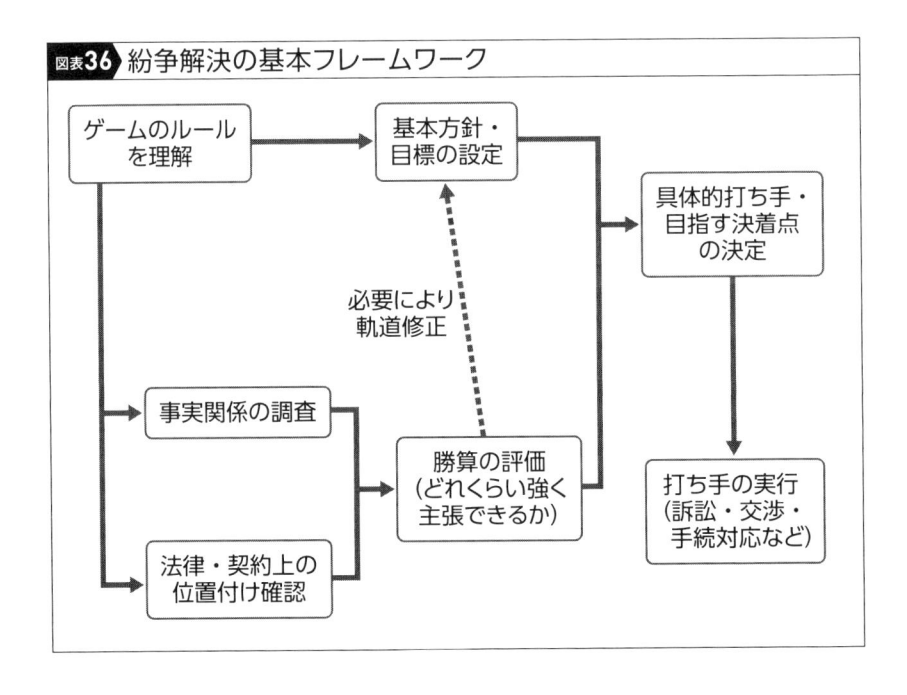

図表36　紛争解決の基本フレームワーク

```
┌─────────┐      ┌─────────┐
│ゲームのルール│─────→│基本方針・ │
│を理解    │      │目標の設定 │
└────┬────┘      └────┬────┘
     │                 │           ┌─────────┐
     │                 │──────────→│具体的打ち手・│
     │                 ↑           │目指す決着点 │
     │            必要により        │の決定    │
     │            軌道修正          └────┬────┘
     │                 ↑                │
     ├→┌─────────┐   │                │
     │ │事実関係の調査│──┤                │
     │ └─────────┘   │                ↓
     │           ┌─────────┐    ┌─────────┐
     │           │勝算の評価 │    │打ち手の実行 │
     │           │(どれくらい強く)│    │(訴訟・交渉・│
     │           │主張できるか)│    │手続対応など)│
     │           └─────────┘    └─────────┘
     └→┌─────────┐   ↑
       │法律・契約上の│──┘
       │位置付け確認 │
       └─────────┘
```

すなわち紛争解決というゲームのルールを理解することである。その理解に沿って、自社としての基本方針や目標を考えていくことになる。

この作業と並行しながら、紛争の原因や事実関係に関する調査を行っていく。その上で、浮かび上がった事実が法律上・契約上どのような意味を持つのかを確認していくのである。続けて、これらの調査結果と確認点をもとに、訴訟を争った場合の勝算を評価する。これによって推定される勝ち目の大小によって、以降の交渉における自社の主張の強弱が変わってくる。例えば、紛争に発展したトラブルに関して、法務担当者として「訴訟で争った場合の勝算は、思ったほどには高くない」と判断するのであれば、基本方針や目標を軌道修正し、相手に対する主張をトーンダウンする必要があるだろう。

さらに、設定した基本方針・目標、勝算の評価をもとに、「今回は訴訟に持ち込まず、交渉を行う。落としどころは……」などと、具体的な打ち手、目指す決着点を決定する。最終的には、決定した打ち手に従って、訴訟対応や交渉を進めていくことになる。

このような紛争解決のフレームワークを念頭に置き、「品質クレーム紛争」というゲームのルールを見ていくことにしよう。

2 | 品質クレーム紛争とは

そもそも品質クレーム紛争とは、どうのようなものだろうか。その典型的なプロセスをたどってみると、以下のような流れになっている。

製品に品質問題が発生
▼
「交換」「修理」「回収」「製品の使用不可」「誤作動による損害」などに発展
買い手が売り手の責任を追及
「無償修理・交換」の要求・「損害賠償」の請求

まず、販売した製品に不具合や欠陥が存在し、品質への要求水準を満たし

ていないという問題が起こる。要求水準の内容については契約で定められている場合もあれば、業界の慣例などによって自ずと決まっている場合もある。そのような要求水準が満たされていなかった結果、製品の交換・修理・回収などが必要となる。不具合の中身によっては、製品の使用不可・誤作動によってユーザーに損害がもたらされる、といった事態も生じうる。このような状況のもとで、最終的に買い手が売り手の責任を追及し、無償での修理・交換、発生した損害の賠償などを請求してくるのが、品質クレーム紛争の基本的構造である。

3 | 品質クレーム紛争というゲーム（[図表37] 参照）

(1) 基本構造

品質クレーム紛争では、前述のように製品の不具合（またはその疑い）に

図表37 「品質クレーム紛争」というゲーム

○ 商品の不具合（またはその疑い）に起因して問題が発生し、買い手側に何らかの損害が発生
○ 買い手は売り手（メーカー）にその損害の賠償を求める

売り手の立場から

○ どんな問題が発生したのか、本当に自社の商品に不具合があったのか、事実関係を確認したい
○ 不具合があったなら、原因究明して再発防止につなげたい
○ 法的に責任があるなら、賠償はやむをえないが、できるだけ低く抑えたい

買い手の立場から

○ とにかく売り手の責任なのだから、すべてのコストは売り手が負担すべき
○ こちらが顧客なのだから、迅速な対応を含めて「誠意」を見せろ
○ 再発を防止するのは当然

事実関係、原因究明など、売り手・買い手の協力が必要な部分と、「賠償額をどうするか」という、真っ向から利害が対立する部分の両方が存在

起因して問題が発生した結果として、買い手側に何らかの損害が発生し、売り手であるメーカーにその損害の賠償を求める、というのが基本構造となる。その中で、売り手、買い手はそれぞれ以下のような立場に置かれることになる。

(2) 売り手の立場

売り手の立場としては、何よりもまず、「どのような問題が発生したのか」、「本当に自社の製品に不具合があったのか」といった、事実関係を確認したいはずだ。本当に不具合があったのなら、（特にメーカーの場合には）その原因を究明し、再発防止につなげたいという意図もあるだろう。さらに、不具合について法的責任が生じるならば、発生した損害を賠償することはやむをえないとしても、賠償金額はできるだけ低く抑えたいと考えるに違いない。

(3) 買い手の立場

一方、製品の不具合によって損害を受けた買い手としては、「すべて売り手の責任であり、全コストを売り手が負担すべきだ」、「そもそも、こちらは顧客だ。迅速な対応を含めて『誠意』を見せろ」とでも言いたくなる。加えて、「再発を防止するのは当然のことだ」とも考えるだろう。

(4) ゲームの構図

このように、売り手、買い手それぞれの立場の違いを明らかにすると、売り手、買い手の協力関係が必要とされる部分（事実関係の確認・原因究明）と、真っ向から利害が対立する部分（損害賠償額の決定）という、正反対の要素が存在することがわかる。

ことに日本企業同士の品質クレーム紛争においては、このように双方の協力が必要となる部分もあることから、即刻訴訟に発展するケースは少なく、たいていの場合、まずは話し合いによる解決を志向することになるだろう。

一方、利害対立の処理については、「責任論」、「賠償範囲・金額」、「支払方法・最終合意」という3つの段階に分けて考えるとわかりやすい。以下、それぞれについて順に解説していく。

図表38 責任論（主に売り手の観点から）

事実関係
- 製品に不具合・瑕疵があるのか
- 買い手にどのような損害が発生しているのか
- 不具合・瑕疵と損害の間に因果関係はあるのか
- 不具合・誤動作などの原因に買い手の使用方法上の問題はないか
- 製品の説明、警告などは妥当か

法律論
- 売り手・買い手間の契約上の瑕疵担保責任
- 不法行為
- 製造物責任
- 保証書・カタログなどに記載の保証条件

↓

- 法的に売り手に賠償責任はあるのか
- 責任があるとしてどの程度か
- 部品メーカーなどの責任追及をする余地はないか

4 | 責任論（[図表38] 参照）

(1) 事実関係の調査

　本章1で解説した「紛争解決のフレームワーク」に即して言えば、売り手の責任を明らかにするためには、初めに、事実関係の調査と法律論（法律・契約上の位置付け）の確認が必要となる。

　まず、事実関係の調査としては、「本当に製品に不具合や瑕疵があるのか」、「買い手にどのような損害が発生したのか」といった点の他、「不具合や瑕疵と損害の間に因果関係があるか」、あるいは「買い手の使用方法に問題はなかったか」、「製品の説明書や警告の書き方などは妥当だったか」といった点までを含めて、詳細に確認しなければならない。特に、「製品に過度の重みを与えた」、「湿度の高すぎる場所で使用した」というように、買い手の使用方法に起因した不具合発生のケースも少なくないので、忘れずに調査したい。

(2) 法律論の調査

　一方、法律論については、まず、売り手、買い手間の契約上の瑕疵担保責任をチェックしなければならない。さらに、不法行為や製造物責任の成立の可能性、製品の保証書やカタログ、取扱説明書などに記載されている保証条件なども確認する。損害賠償が問題となるにしても、契約上の責任、不法行為責任、製造物責任などのうち、どれを追及されるかによって、後述する勝算の評価が変わってくる。問われる可能性のある法的責任については、漏らさず調査するよう努めなければならない。

　また、事実関係の調査が現物調査やヒアリングが中心となるのに対して、法律論の調査は文書に目を通すことが主な作業となるだろう。

(3) 勝算の評価

　次に、事実関係と法律論の調査をもとに、「売り手に法的な賠償責任はあるか」、「(責任があるとして) それはどの程度の責任なのか」という点について、勝算の評価を行う。売り手だけでなく買い手にも何らかの責任が認められる場合には、「過失相殺」による損害賠償額の減額なども考慮すべきテーマとなってくる。

　さらに、製品の不具合が、組み込んだ部品に起因するものと疑われるときには、部品を購入した契約の内容を確認した上で、部品メーカーの責任を追及するという選択肢も検討したい。

5 | 賠償の範囲・金額

(1) 賠償する範囲

　製品の不具合について、売り手が責任を負わなければならない場合には、賠償の範囲が問題となる。

　まず、不具合のある製品を売り手側が無償で修理・交換するのであれば、修理した製品を送り返す費用（センドバック費用）などの実費をどちらが負担するかについて考えなければならない。一方、買い手側で修理・交換する

場合には、売り手側でその人件費などを負担することになるだろう。

　買い手側が、製品をそのまま転売している、あるいはそれを部品として組み込んだ製品を販売しているといったケースでは、買い手の顧客からの回収（リコール）が必要となるかもしれない。リコールには多額のコストがかかることも多く、売り手はリコールまでは必要ないと考え、買い手はリコールが必要と考えたときに、コスト負担をどうするかといったことも議論の俎上に上ってくる。

　また、売り手が販売した製品が工場のラインに使われていたため、その不具合の結果、買い手の工場の生産ラインがストップしたといった場合には、買い手は工場を稼働できなかった日数分の逸失利益までを賠償の範囲に含めるのかといったことが争点になる。

　売り手としては、賠償の範囲を狭くしたいだろうし、逆に買い手は範囲を広くしたいと考えるはずだ。どのような損害までが賠償の範囲に含まれるのかは、最終的には、売り手の責任の程度や、相手との関係性を考慮した上で、ケースごとに交渉を通じて決められることになるだろう。

(2) 賠償金額の算定

　賠償の範囲が決まったら、次に問題となるのは、その額をどのように計算するかである。

　例えば、製品の修理を買い手側が行い、その人件費相当分を請求してきた場合、売り手としては「このコスト見積もりは妥当なのか」、「支払うのは残業代相当分だけで十分ではないか」というような疑念を持つこともあるだろう。

　また、「人件費にマークアップ10パーセント」というように、実費にマージンを上乗せして請求されたような場合には、それをそのまま受け入れるか否かを検討しなければならない。

　さらに、「製品の修理は当方で行うが、回れるのは1日3ヵ所が限度だ」などと買い手側から言われたような場合には、1日単位で要求される人件費の負担を少しでも減らすために「この狭いエリアなら1日5ヵ所は回れるのではないですか」などと反論することもありうる。

6 | 支払方法・最終合意

(1) 支払方法
　賠償金額が確定し、売り手と買い手双方が合意に達したら、支払方法についても決めなければならない。具体的には、以下のような方法が考えられる。

① 一括支払で決着する
「すべてひっくるめて1,000万円ということにしましょう」などと、賠償金を全額まとめて支払う形である。

② 都度実費請求
「人件費はこのように計算しています。したがって、○個回収すればこれだけの金額がかかります」というように、作業ごとにかかる実費をその都度請求させる方法である。

③ 現金に換えて「製品」を無償供給する
　例えば、賠償の額を1,000万円で合意した場合に「500万円は現金で支払い、残額分については500万円相当の製品を無料で提供する」というように、一部を「製品」の形で支払うことも、売り手にとってはコストを抑える1つの方法である。

(2) 最終的な合意方法
　紛争の処理に関して、双方が最終的な合意を確認する方法として、多くの場合は、合意書（和解契約書）を作成することになる。売り手の場合には、その際には、「どの問題」を解決したかを明示し、「以後同じ問題に関しては賠償請求をしない」という旨の文言を、必ず入れておくようにしたい。品質クレーム紛争では、後々になって「損害が増えたのでその分についても賠償せよ」と請求されるリスクがある。上記のような一文を入れておくことで、際限なく損害賠償を請求され続けるリスクを防ぐことができるのである。

第5章 訴　訟

　前章で扱った品質クレーム紛争を含めて、交渉によって紛争を解決できない場合には、最終的に訴訟という手段によって決着を目指すことになる。グローバル化が進む昨今、法務担当者が国際訴訟への対応を迫られるケースも増加しているが、まずは国内の民事訴訟の構図をしっかりと理解しておくことが重要である。本章では国内における民事訴訟に絞って解説していく。

1 | 話し合い解決か訴訟か

　国内における紛争では、紛争の当事者はまず、話し合いによる解決を目指すことが多く、すぐさま訴訟に至るケースは少ない。紛争の当事者たちが話し合い解決を優先的に選択するのには、もちろん理由がある。話し合い解決には、訴訟にはない、以下のメリットが認められるからである。

① 訴訟に要する時間やコストが不要
　紛争を訴訟によって解決しようとすれば、短く見積もっても1年近くの時間がかかる上、弁護士費用を支払わなければならない。

② 裁判の判決から得られるものは限定的
　仮に裁判で勝訴したとしても、そこから得られる結果は、損害賠償金や侵害行為の差止めなどに限られる。

③ 交渉の範囲・材料を広く取れる
　「今回は賠償金を支払うが、次回以降の取引のチャンスを与えてほしい」、「今回は譲歩してほしい、その代わりに次回は必ずこちらが譲る」といった具合に、話し合い解決では、訴訟では実現できない柔軟な提案が可能であり、多様な解決策を検討することができる。

以上のようなメリットがあるとはいえ、話し合いが不調に終わった場合には、次善の手段として訴訟で決着をつけざるを得ない。また、第2部第7章で述べたように、訴訟は紛争交渉のBATNAでもある。紛争相手と交渉する際には、法務担当者は、常にそのことを念頭に置き、相手方が狙う落としどころを見極めるよう、努めなければならない。

　さらに、こちらの意向にかかわらず相手が一方的に訴えてくるケースや、こちらが話し合いを持ちかけているのに相手が逃げ回って交渉に応じようとしないケースなどもある。これらの場合も、やはり訴訟を避けられない。

　このように訴訟に対応せざるを得ない状況がさまざまに想定される以上、法務担当者は、訴訟というゲームに精通しておく必要がある。なお、訴訟になったものの、裁判の途中で和解決着に至ることも多い。裁判官も訴訟の両当事者に和解を勧めるのが一般的である。

2 | 民事訴訟というゲーム

(1) 基本構造

　それでは、民事訴訟というゲームの基本構造を見ていこう。[図表39] 上段に示したように、まず原告側が起こす訴えは、「損害賠償」に関わるものの他、売買代金の支払や貸金の返還を請求するもの、つまり「金を払え・返せ」という内容のものが多い（特許訴訟のように差止めを求める場合もある）。また、話し合いが不調に終わった結果として、訴訟提起に至るというパターンが一般的である。

　一方の被告側は、原告の訴えの不合理性などを指摘し、損害賠償・支払義務の不存在、あるいは原告が請求する損害額が高すぎるといった主張を展開して争う、というのが大まかな構図になる。

(2) 損害賠償請求の3要素

訴訟で原告から損害賠償を請求された場合には、[図表39] 中段にまとめた3つの要素が争点となる。

① 被告側の問題行為

具体的には、故意・過失、契約の違反または不履行、製品の欠陥などの存否である。

② 原告の被った損害

例えば、不具合のあった製品の回収費用や、製品の不具合で工場のラインがストップしたために得られなかった利益などである。

図表39 「民事訴訟」というゲーム

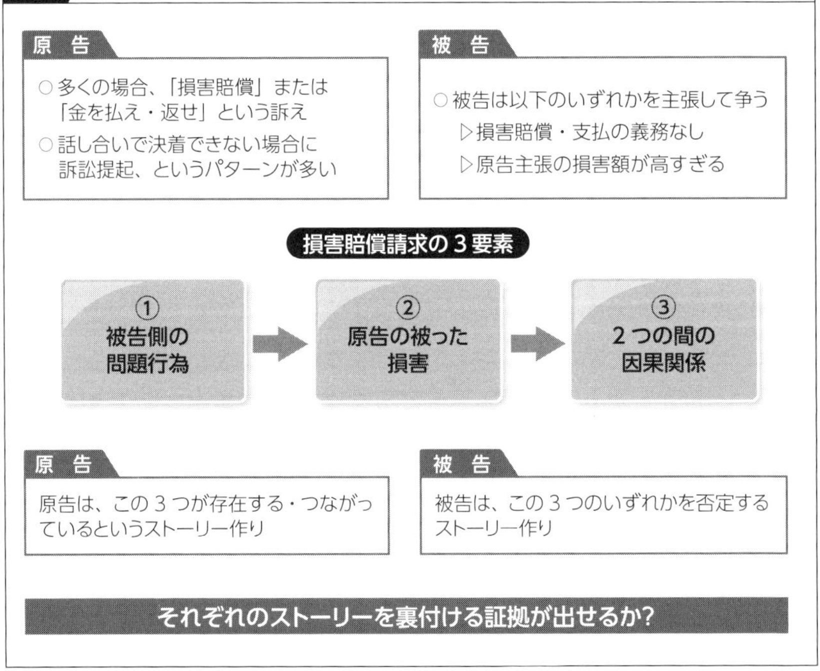

原告
- 多くの場合、「損害賠償」または「金を払え・返せ」という訴え
- 話し合いで決着できない場合に訴訟提起、というパターンが多い

被告
- 被告は以下のいずれかを主張して争う
  ▷ 損害賠償・支払の義務なし
  ▷ 原告主張の損害額が高すぎる

損害賠償請求の3要素

① 被告側の問題行為 → ② 原告の被った損害 → ③ 2つの間の因果関係

原告
原告は、この3つが存在する・つながっているというストーリー作り

被告
被告は、この3つのいずれかを否定するストーリー作り

それぞれのストーリーを裏付ける証拠が出せるか?

③ ① と ② の因果関係
　被告側の問題行為によって原告に損害が生じたことの、客観的な関係性である。

(3) ゲームの構図
　損害賠償を請求する原告には、上記の3要素が確かに存在し、かつ、「3つの要素がつながっている」というストーリーを作ることが求められる。例えば、「被告の製品に欠陥があったため、それを組み込んだ自社の機械が壊れてしまった。そのため、200万円をかけて修理しなければならなかった」というように、被告の問題行為と自らの被った損害の関連を、1つのストーリーとして主張するわけである。
　一方、被告はこの3要素のうち、いずれかを否定するストーリーを作らなければならない。今回のケースでは、「そもそも製品に欠陥はなかった」、「修理に200万円もかかるはずがない」、「製品に欠陥があったかもしれないが、機械の故障については、原告の組込作業にも問題があった」などの反論が考えられるだろう。
　このように、原告・被告がそれぞれ訴訟のストーリーを作り、双方がそのストーリーを裏付ける証拠を提出する、というのが訴訟というゲームの構図になる。では次に、ストーリー作りと証拠提出の作業をどのように行っていくのかを、順に確認していこう。

3 ストーリー作り

　まず、訴訟のストーリー作りは、法務部が主導して関係部門に働きかけ、弁護士のサポートを得て、三者が一体となった共同作業のもとで進めていくことになる。
　この共同作業の中で、会社側（法務部＋関係部門）がまずやるべきことは、事実関係の確認である。つまり、勝訴判決を得るために、自社に有利な事実と不利な事実を明らかにし、整理していくのである。また、当事者としての

意見、すなわち、会社として主張したい内容を明確化することも欠かせない作業となる。賠償金を請求するとしても、その目的が、相手の責任を認めさせることにあるのか、それとも自社の損害を補うために一銭でも多く得ることにあるのかによって、主張の内容とトーンは変わってくるだろう。

一方、弁護士は、法的論点を整理し、会社側が確認した事実関係や当事者としての意見をもとに、契約違反を問うのか、不法行為の責任を追及するのかなど、法的にどのような「論」で攻めるのかを考え、提案してくれるはずだ。さらに、類似案件の判例を検討し、「今回のケースに類似する判例を参考にすると、○○という主張が有効です」などとアドバイスしてくれるかもしれない。

そのような弁護士の提案・助言を参考にしながら、自社のストーリーを組み立てていくのが、法務担当者の役割である。実際に、ストーリーを構築する際には、「よいストーリーとは何か?」ということを考えてみてほしい。よいストーリーとは、以下の条件を満たすものであると、筆者は考えている。

● **部外者の裁判官が見てわかりやすい。**

   裁判官は訴訟で提出された証拠や証言を通じてストーリーを理解する。そのため、ストーリーは誰が読んでも理解できるようなわかりやすい内容とする。

● **首尾一貫していて主張に矛盾がない。**

   会社側の各関係部門、個々の関係者の主張に引きずられすぎると、全体のロジックがつながらなくなるおそれがあるので、法務担当者は、状況に応じて調整役を務め、主張の整合性をとる必要がある。

● **「証拠」の裏付けがある。**

   これに関しては、次項で詳しく解説する。

4 │ 証拠を見つけて争う

　よいストーリーを作るためには、証拠の裏付けが欠かせない。裁判官は、実際に起こったことを見たわけではなく、提示された証拠や証言をもとに判断し、判決を下す。極論すれば、訴訟で勝つのは「正しい方」ではなくて、「より強い証拠を出した方」なのである。特に、日本の民事訴訟では、主張する側が自らの主張を裏付ける証拠を出すのが原則となっている。これは、アメリカにおける訴訟と対照的な点である。

　アメリカでは、「ディスカバリー制度」と呼ばれる証拠開示手続があり、原則として、被告は要求されたすべての証拠を開示しなければならない。そのため原告は、被告が開示した証拠の中から、自らに有利なものを選んだ上で、ストーリーを作ることが可能となる。アメリカでは、民事訴訟のゲームの構図・ルールが、日本とはまったく異なっているのである。

　ディスカバリー制度を採用していないここ日本では、民事訴訟というゲームにおける法務担当者の役割は、弁護士とストーリーを共有し、主張したい点を明確にし、それを裏付ける証拠を探し出す、という3点に集約される。その作業を抜かりなく行うためには、弁護士とコミュニケーションを密にして意思疎通を図ることが不可欠である。

　また、証拠収集の実務にあたっては、自社側のストーリーだけでなく、相手側のストーリーにも意識を向ける必要がある。つまり、証拠収集作業には、自社のストーリーを裏付ける（補強する）証拠と、相手方のストーリーに反論するための証拠を探すという、2つの側面が存在するわけである。

　収集の対象となる具体的な証拠には、「契約書」や「覚書」、「注文書」、「見積書」、「議事録」、「報告書」などが挙げられる。事業部門の担当者が取引先とやりとりしたメールなどにも証拠能力があるので、プリントアウトして提出を受けるべきである。また、証人として証言できる者を見つけることが必要な場合もある。ただし、証人は、自社の弁護士の尋問にストーリー通りに答えるだけでなく、相手方弁護士の反対尋問にも応じなければならないので、それなりの対応力を備えていることが条件となることは、覚えておきたい。

さらに、相手が提出するであろう自社にとって不利な証拠についても、あらかじめ予測を立てておく。例えば、品質クレーム紛争の交渉の際に、自社の事業部門のスタッフが、こちらの責任を認めたと受け取られかねない発言をしているような場合には、その発言の記録が証拠として提出されるかもしれない。そのような場合には、そもそも「責任を認めたわけではない」と反論することが可能か否かを事前に検討し、なおかつその反論を裏付ける証拠を探すことになるだろう。

　このように、訴訟というゲームでは、証拠によって相手のストーリーを覆し、こちらのストーリーを裁判官に認めさせることが、究極の目標となる。法務担当者は「証拠の裏付けがないストーリーは無意味である」ことを十分に意識し、信頼性が高く説得力のある証拠を集めることに全力を尽くさなければならない。

第6章 株主総会

　株主総会は、会社の基本的事項について決議し、決算などを報告するだけでなく、株主と経営者が質疑応答などを通じて直接コミュニケーションを取り合う重要な場である。この株主総会において、法務部は議案の作成をはじめとして、さまざまな役割を受け持つことになる。ことに不特定多数の株主を持つ上場会社の場合には、限られた株主のみを持つ非上場会社と比べ、株主総会を円滑に運営し、決議事項の承認を得るための特別な配慮が求められることになる。そこで本章では、上場会社を想定し、法務担当者が身につけておくべき株主総会業務のセオリーを解説していく。

1 株主総会とは

　初めに、株主総会の基本的事項について確認しておこう。株主総会とは言うまでもなく、会社の最高意思決定機関である。毎事業年度の終了後、一定の時期に招集することが会社法で求められており、これを「定時株主総会」という。3月決算の会社の場合であれば、6月に開催されることが多い。また、必要に応じて臨時に招集される株主総会を「臨時株主総会」という。

　定時株主総会で扱われる事項は、報告事項（事業報告・計算書類など）と、決議事項からなる。前者は株主に報告するだけで足りるが、後者については株主総会の承認を得なければならない。

　典型的な決議事項としては、剰余金の配当、取締役選任、監査役選任、取締役の報酬（枠）の決定が挙げられる。このうち取締役の報酬については多くの場合、全取締役に支払う報酬の総額など金額の枠の承認を受けて、その枠の範囲内では、取締役会で個々の取締役に支払う報酬などを決められるという扱いにしていることが多い。また、報酬の一環として「ストックオプション」と呼ばれる新株予約権を取締役に発行する場合もある。

　上記の他、定款を変更する場合にも株主総会の決議が必要となる。例え

ば、事業の目的、商号（社名）、本店所在地などは定款に記載されているため、それらを変える場合には、株主総会での承認を得なければならない。

2 | 株主総会と法務の仕事

次に、株主総会で法務担当者が行う業務について具体的に見ていこう。通常、法務部は総会の前後を含めて、以下の仕事を担当することになる。

① 議案の作成

剰余金の配当、取締役選任などの議案に関する文書を作成する。作成後、弁護士にリーガルチェックを求めることも多い。また、株主総会報告事項である「事業報告」の作成についても、経理部門などとともに関与することも多い。

② 株主総会招集事項の取締役会上程

株主総会の招集は取締役会の決議事項なので、株主総会招集に関する事項をまとめて取締役会に提出する（この作業については、法務部ではなく他の部門が行っている会社もある）。

③ 想定問答集の作成・取りまとめ

株主総会で株主から質問が出されたときは、会社側は回答しなければならない。その場で答えることが難しい質問については、事前に「想定問答集」を作成し備えておく。多くの会社では、この取りまとめや内容のチェックに法務部が関与する。

④ 当日の事務局業務

法務部が事務局となり、株主総会当日は議長の後方で待機する。法務担当者は、適宜、議長へメモを手渡すなどしてアドバイスをする。別室にコンピュータを設置し、議長と通信できる環境を整え、株主から質問があれば、

想定問答集の中から回答を伝えられるようにしている会社もある。このような「第二事務局」が設置された場合、取り仕切るのは、法務部の中核メンバーや管理職であることが多い。

⑤ 議事録の作成
株主総会の議事録は、当日のうちに作成する。

⑥ 登記
株主総会で役員の変更が決議された場合には、役員変更登記を行わなければならない。その場合、上記の議事録を提出して登記手続を行う。

さらに、株主総会に関連して法務部が扱うことのある業務としては、以下のようなものも挙げられる。もっとも、これらは総務部門の他、最近ではIR部門が担当していることも多い。

⑦ 議長台本シナリオの作成
株主総会中に議長が進行のために利用するシナリオである。他部門が作成した場合には、法的な問題の有無をチェックするのが法務部の役目になる。その上で、さらに弁護士に目を通してもらうこともある。

⑧ 運営統括、運営事務局の運営
株主総会の運営全体の統括、設置された運営事務局の統括などの役目を受け持つこともある。

⑨ 当日の運営
来場者一人ひとりについて株主か否かを確認して、入場の許否を判断することが難しい場合がある。例えば、株主名簿に記載されていなかった者が株主であることを主張して株主総会への参加を求めてきた場合には、判例などを参考にしながら、その主張を認めるべきか否かを判断しなければならない。

そこで、受付業務そのものを法務部が担当する場合の他、数名の法務担当者が受付業務のサポートの役割を受け持つこともある。

⑩ **臨時報告書作成、関連する適時開示**

株主総会後には、金融商品取引法で義務付けられている「臨時報告書」を作成し、株主総会の集計結果を開示する。代表取締役の異動、新株予約権の発行などが決議された場合には、証券取引所の規則に基づき、その「適時開示」も必要となる。これらの作業についても、法務部が関与する場合がある。

3 | 株主総会というゲーム

昭和の時代には、「総会屋シフト」、すなわち総会屋対策が株主総会の運営における、最も大きな課題であった。総会屋とは、株主総会を混乱させることをほのめかす、あるいは、株主総会を平穏に進行させることに協力すると申し出ることなどによって、会社から不当な財産上の利益を得る者である。

しかし、総会屋の存在を違法とする商法改正が行われた結果、総会屋の活動は次第に鳴りを潜めていった。それに代わって、株主総会における重要なテーマとなったのが、「機関投資家」への対応である。

機関投資家とは、組織的に大口の投資を行う投資ファンドや年金基金、信託銀行などの投資家である。上場会社の株主構成における機関投資家の割合は、近年非常に大きくなっており、しかも、個々の議案に対して是々非々の態度をとる傾向を強めているため、会社側の提案に反対するケースも少なくない。そこで、企業側には、機関投資家からの賛成が得やすい株主総会のマネジメント、すなわち「機関投資家シフト」をとることが求められているのである。

このような株主総会の構図の中で、法務担当者はその開催から終了まで、以下のような務めを果たすことが求められている。

（1）株主総会前日まで

　株主総会では当日に決議を行う原則になっているが、実際には当日出席者の議決権数は少なく、前日までに、多くの株主に議決権を行使してもらうことにより、決議成立に必要な賛成票を集めておくことが常識となっている。事前に議決権行使をしてもらう方法としては、書面による行使と、インターネット経由による行使の2種類がある。

　決議に必要とされる過半数の賛成票が集まらない場合には、当日、投票を行わなければならないが、実際のところ、そのような例はほとんどない。逆に言えば、株主総会は、前日までの議決権行使によって、決議成立に必要な賛成票を集めることを前提として成立していると言える。

　必要な賛成票を集めるための鍵となるのが、機関投資家、ことに日本企業の株主の中でも相当の割合を占める外国人機関投資家の動向である。外国人機関投資家は、日本企業への株式投資は行っているものの、個々の企業の実情に精通していないことから、株主総会に上程される議案について、独力で賛否の判断を行うことが困難である。そのため、議決権行使に関する助言を行うアドバイザリー会社の賛否推奨を参考にして、議案に対する賛否を決めることが多い。特に業界最大手のアドバイザリー会社であるアメリカのISS（Institutional Shareholder Services）が策定する議決権行使ガイドラインは、外国人投資家に対して非常に大きな影響力を持っている。

　また近年は、独自のガイドラインを持つ日本人機関投資家も増加しており、ガイドラインに照らして「問題あり」と判断すれば、会社側の提案に「ノー」を突きつけるケースも目立っている。

（2）株主総会当日

　前日までに決議の結果が明らかになっている場合がほとんどとはいえ、総会当日は当日として、入念な運営を心がけなければならない。

　まず、受付作業については、来場者が株主であることを確認することはもちろんのこと、注意を要するのは、事前に議決権を行使したにもかかわらず、総会にも出席する株主がいることだ。同一の株主が事前と当日の両方で議決

権を行使した場合には、当日の意思表示が優先されることになる。そこで、来場した株主が事前に議決権を行使していた場合には、該当票を事前集計から削除する「消しこみ」という作業が必要となる。

株主総会の議長は、一般的に会長または社長が務める。株主総会では、まず議長から報告事項・決議事項の説明がなされ、その後、質疑応答に入る。企業は出席した株主に対して、法律上の説明義務があるため、報告事項や決議事項などに関する質問があれば、これに回答しなければならない。

質疑応答を終えた後は採決に入る。通常は、議長が「拍手をもって賛成の意思表示をしてください」などと、会場の株主の賛成を促し、株主が形式的に拍手して終了となる。前述したように、結果は前日までに判明しているので、拍手した人数をカウントするような作業は行わない。もっとも、前日までに過半数の賛成を得られず、決議の可否が判断できない場合には、株主総会当日の投票が必要となるだろう。その場合には、投票箱の準備や設置をはじめとする、投票の物理的な準備を行う必要がある。

(3) 株主総会終了後

株主総会が終了した後は、直ちに臨時取締役会を開催する。特に、株主総会で取締役の選任が行われた場合には、取締役会で新たな代表取締役を選ばなければならない（株主総会では代表取締役の選定までは行われない）。併せて、取締役会に代表取締役が欠席した際に、代理で議長を務める取締役の順番なども決める。

また、株主総会の議案に対する賛否を集計し、先に触れた臨時報告書で、その結果を開示しなければならない。事前に行使された議決権については賛否の数を正確に把握できているはずだが、問題は、総会当日に拍手などの形で行使された議決権を、どのように扱うかである。一般的には、当日の議決権行使については母数だけに含め、賛成しなかったものとみなすという扱いがなされる場合が多い。また、多数の株式を持つ大株主については、その賛否の意思表示を、別途、書面などの形で得た上で計上することもある。

さらに、総会議事録の作成の他、必要に応じて変更登記の手続なども行う。

代表取締役の変更があれば、証券取引所の開示ルールに従った適時開示も必要となる。法務担当者は、株主総会を終えたその日のうちに、これらの業務を粛々とこなすことになる。

4 | 株式会社への規制

　株主総会業務を円滑に行うために、法務担当者は、株式会社を取り巻くルールと規制の内容を理解しておきたい。［図表40］は、それらを対象範囲の広狭に応じて5つの段階に分けて筆者が整理した「株式会社へのルールと規制の5階建て構造」である。1階は「会社法」、2階は「定款」、3階は「金融商品取引法」、4階は「証券取引所規則」、5階は「機関投資家の議決権行使ガイドライン」という形に分け、それぞれの階層において、具体的にどのようなルールと規制を定めているのかを明らかにしている。ルールと規制の及ぶ範囲は、基本的に上層に上がるにつれて狭まっていく。この図表の中身を十分に把握しておけば、株主総会に対応する際に、ルールの見落としや、規制の関係上、必要となる手続を失念することを防げるはずだ。

図表40 株式会社へのルールと規制の5階建て構造

階	区分	内容
5F	機関投資家の議決権行使ガイドライン	取締役の選任、ストックオプションなどへの賛否推奨の基準
4F	証券取引所規則（上場会社が対象）	決算短信　適時開示　独立役員
3F	金融商品取引法（主に上場会社が対象）	有価証券報告書　J-Sox　インサイダー取引規制
2F	定　款（各会社が自ら定める）	事業目的　機関設計　役員の数・選任
1F	会社法（すべての会社が対象）	事業報告　公告　会社法上の内部統制　株主総会

- **1階＝「会社法」**

　ここでは、すべての会社に共通したルールが定められている。具体的には、年1回株主に対して「事業報告」を行う（株主総会の招集通知にも記載する）こと、合併などの「公告」、会社法上の「内部統制」に関する取締役会の決議、「株主総会」の開催などが義務付けられている。

- **2階＝「定款」**

　すべての会社は自らが定めたルールである定款に従わなければならない。もっとも、その内容については、会社が自主的に決められる部分が多くある。まず、「事業目的」は、各社がそれぞれ行う事業によって異なるし、「機関設計」については、取締役会を設置しないこと、「役員の数・選任」については、取締役を1人のみとすることなども認められている。同様に、監査役の設置や、委員会設置会社とするか否かの判断も各社の自由である。

- **3階＝「金融商品取引法」**

　主に上場会社が規制の対象となる。同法では、前述の事業報告に加えて、「有価証券報告書」の提出が要求されている。また、会社法上の内部統制システムだけでなく、「J-Sox」と呼ばれる（金融商品取引法上の）内部統制を、併せて実行することが義務付けられている。さらに、社内の重要事項などを知る者が株式取引を行うことを禁じた「インサイダー取引規制」に関するルールも設けられている。

- **4階＝「証券取引所規則」**

　上場会社を対象とする。法律ではないものの、事実上の強制力がある（以下、東京証券取引所上場会社を対象とした東証規則を前提として解説する）。事業報告、有価証券報告書に加えて、東証規則では、「決算短信」の作成を義務付けている。また、会社が重要な事項について意思決定を行う、または重大な事実などが発生した場合には、株主に「適時開示」することが求められている。さらに、通常の社外役員よりも独立性が強い「独立役員」を置くことも要求している。

●5階＝「機関投資家の議決権行使ガイドライン」

　　株主総会に提出された取締役の選任やストックオプションなどの議案への「賛否推奨の基準」を明らかにしたものであり、機関投資家自らが用意している場合と、ISSのようなアドバイザリー会社が定めている場合とがある。議決権行使ガイドラインは強制力を持つものではないが、その基準に反する議案は、株主総会において機関投資家の反対にあうおそれがある。その結果、1階の会社法上の承認を得られなくなる可能性がある。

　このように、上層階のルールが1階の会社法上のルールに重大な影響をもたらすことがありうる。したがって、株主総会に携わる法務担当者は1階から5階までの構造を的確に把握した上で、自社の議案が各階のルール・規制に抵触していないかを十分にチェックしなければならない。

5 ｜ 主な決議事項と5階建て構造

　最後に、上記のような5階建ての規制とルールのもとで、①剰余金の配当、②取締役の選任、③監査役の選任、④ストックオプションという株主総会の重要な決議事項に関して、具体的にどのような定めが置かれているのかを確認しておこう。ここでは、5階＝「機関投資家の議決権行使」については、2012年のISSの議決権行使助言基準にしたがって記載している。基準は毎年見直されているので、最新版を確認してほしい。

図表41　剰余金の配当と5階建て構造

階	区分	内容
5F	ISS 議決権行使助言基準	▶以下のいずれかの場合には反対 　○十分な説明がなく、継続的に低い場合 　○財務の健全性を害する可能性があるほど高い場合 ▶配当性向が15%～100%の範囲内は通常賛成
4F	東証規則	▶決算短信における配当の開示 ▶配当予想を修正した場合は、その決定時に適時開示 ▶議案内容に対する規制はない
3F	金融商品取引法	▶配当額の決定はインサイダー情報に当たる ▶議案内容に対する規制はない
2F	定　款	▶取締役会で配当決議を認める定款を置くことができる 　定款に規定のない場合 ⇒ 株主総会決議が必要 　※特例として、中間配当は取締役会決議で可能
1F	会社法	▶会社は株主総会の決議でいつでも剰余金の配当ができる 【決議すべき事項】 ①配当財産の種類・総額 ②株主に対する配当財産の割当 ③配当の効力発生日

① 剰余金の配当（［図表41］参照）

● 1階=「会社法」

　原則として、会社は株主総会で決議することにより、いつでも剰余金の配当ができるとされている。決議事項としては、配当財産の種類（現金、現物など）と総額、株主に対する配当財産の割当、配当の効力発生日が規定されている。

● 2階=「定款」

　取締役会による配当決議を認める内容の定めを置くことが、可能とされている。その旨を定めていない会社では、原則通り株主総会の決議が必要となる。もっとも、中間配当については、特例として、定款の定めにかかわらず、取締役会決議で行うことができる。

● 3階=「金融商品取引法」

　金融商品取引法には、議案内容に関する規制は存在しない。ただし、配当額の決定に関する情報は、増配などの場合、株価上昇の大きな要因となりうるため、インサイダー取引規制の対象となる。

- 4階＝「東証規則」

　まず、決算短信において配当の開示を行うことが義務付けられている。また、配当予想を修正したときには、適時開示を行うことが求められている。ただし、議案内容についての規制は存在しない。

- 5階＝「ISS議決権行使助言基準」

　会社の提案する配当額が、十分な説明がなく継続的に低い場合か、または財務の健全性を害する可能性があるほど高い場合には、反対する方針が示されている。ちなみに、配当性向（会社が得た利益のうち、株主への配当に回される利益の程度を示す指標）が15％～100％の範囲内にある場合には、賛成を得られることが多い。

図表42　取締役選任と5階建て構造

5F	ISS議決権行使助言基準	▶以下のいずれかの場合には反対（監査役設置会社の場合） ○社外取締役が一人もいない場合、経営トップである取締役 （2013年から施行予定。当面は独立性を問わない） ○取締役会出席率が75％未満の社外取締役
4F	東証規則	▶1名以上の独立役員（取締役／監査役）届出を義務付け ▶独立役員である場合はその旨を記載 ▶独立役員届出書に会社との取引関係などを（少額でも）開示
3F	金融商品取引法	▶年間報酬1億円以上の取締役については報酬額を有価証券報告書で開示 ▶議案内容に対する規制はない
2F	定款	▶取締役の任期、取締役の員数（○○名以内など）は各社定款の記載事項
1F	会社法	▶議案には、候補者の氏名・生年月日・略歴・保有株式数・他の法人の代表など・特別な利害関係の記載要 ▶社外取締役については、さらに選任理由・就任年数・責任限定契約その他の追加情報を記載

② 取締役選任（［図表42］参照）

- 1階＝「会社法」

　議案に、候補者の氏名・生年月日・略歴・保有株式数・他の法人の

代表などの兼任状況・特別な利害関係の有無を記載することが求められている。さらに、社外取締役については、選任理由・就任年数・責任限定契約締結の有無など、その他の追加情報の記載も義務付けられている。

● 2階＝「定款」

取締役の任期、員数が記載事項とされている。

● 3階＝「金融商品取引法」

年間に1億円以上の報酬を得ている取締役については、有価証券報告書でその報酬額を開示することが要求されており、これについては、毎年各メディアが大きく報道している。しかし、議案内容に対する規制は存在しない。

● 4階＝「東証規則」

1人以上の独立役員の届出が義務付けられている。独立役員は取締役か監査役のいずれかであればよい。独立役員に関する情報については、招集通知に記載することが望ましいとされている。また、独立役員と会社との間で取引があれば、たとえ少額であっても、上記の届出の際に、その事実を開示することが求められている（株主総会の招集通知にも取引の事実を記載すべきか否かについては議論がある）。

● 5階＝「ISS議決権行使助言基準」

取締役会出席率が75％未満の社外取締役には反対し、社外取締役が1人もいない場合には経営トップである取締役の選任に賛成しない、という方針が示されている。なお、委員会設置会社については、ISSの独立性基準を満たさない社外取締役の選任には反対を推奨するとしている。

図表43 監査役選任と5階建て構造

5F	ISS 議決権行使助言基準	▶以下のいずれかの場合には反対 ○ ISS の独立性基準を満たさない社外監査役 ○ 取締役会・監査役会の出席率が 75％未満の社外取締役
4F	東証規則	▶1名以上の社外役員（取締役／監査役）届出を義務付け ▶独立役員である場合はその旨を記載 ▶独立役員届出書に会社との取引関係などを（少額でも）開示
3F	金融商品取引法	▶議案内容に対する規制はない
2F	定　款	▶監査役の任期、監査役の員数（○○名以内など）は各社定款の記載事項 ※ただし監査役の任期は 4 年以上
1F	会社法	▶議案には、候補者の氏名・生年月日・略歴・保有株式数・他の法人の代表など・特別な利害関係の記載要 ▶社外監査役については、さらに選任理由・就任年数・責任限定契約その他の追加情報を記載

③ 監査役選任（［図表43］参照）

● 1階＝「会社法」

　任期が4年以上とされていることを除けば、基本的に取締役選任の場合と変わりがない。

● 2階＝「定款」

　1階と同様、任期が4年以上とされていることを除けば、基本的に取締役選任の場合と変わりがない。

● 3階＝「金融商品取引法」

　議案内容に対する規制は存在しない。

● 4階＝「東証規則」

　取締役選任の場合と同様である。

● 5階＝「ISS 議決権行使助言基準」

　社外監査役について独自の独立性基準を設けている。監査役設置会社においては、社外取締役は義務付けられていないものの、社外監査役の設置が義務付けられている。このような社外監査役が重要視され

ている状況を考慮して、その高度の独立性を求めているわけである。このルールに基づき、取引銀行出身者や監査法人出身者が監査役の候補とされた場合に、ISSが反対を推奨するケースが多々見られる。

図表44 ストックオプション（新株予約権）と5階建て構造

5F	ISS議決権行使助言基準	▶通常のストックオプションについては、以下の場合に反対 ○ 今回発行予定のものを加えた発行済みオプションによる希薄化が、成熟企業においては5％、成長企業においては10％を超える ○ 取引先や協力者など、社外の第三者を含む ○ 発行するオプションの上限数が開示されていない ▶報酬型ストックオプション【（行使1円）の場合】 ○ 業績達成が条件となっておらず、3年間の行使禁止もない場合
4F	東証規則	▶適時開示事項
3F	金融商品取引法	▶該当事項なし
2F	定　款	▶特に規定なし
1F	会社法	▶ストックオプションは、取締役への報酬として株主総会普通決議事項 （会社法施行前は新株予約権の有利発行で特別決議事項とされていた）

④ ストックオプション（新株予約権）（[図表44] 参照）

● 1階＝「会社法」

　取締役に対する報酬としてストックオプションを付与する旨の議案を提出する会社は少なくない。このような実情を反映し、ストックオプションを取締役への報酬として扱い、株主総会の決議事項の対象とする整理がなされている。旧商法では、ストックオプションは、新株予約権の有利発行にあたるとされ、出席株主の3分の2以上の賛成を要する特別決議事項とされていた。しかし、現行会社法では、報酬は普通決議の対象であることから、出席株主の過半数の賛成があれば足りる。

● 2階＝「定款」

　ルールや規制は、特に設けられていない。

- ● 3階＝「金融商品取引法」
   ルールや規制は、特に設けられていない。
- ● 4階＝「東証規則」
   ストックオプションの付与の際に、適時開示が求められている。
- ● 5階＝「ISS議決権行使助言基準」
   通常のストックオプションと「報酬型ストックオプション」について、それぞれのルールが定められている。報酬型ストックオプションとは、その権利行使価格が1円（通常は株価の時価プラスアルファ）となっているものである。

   ストックオプションの権利が行使されることで、新たに株式が発行されると、既存の株主は出資比率が希薄化して不利益を被る。そこで、通常のストックオプションについては、今回発行予定のものを加えた発行済みオプションによる希薄化が、通常の成熟企業においては5％、成長企業では10％を超えた場合に反対する、という基準が示されている。また、ストックオプションを付与する対象に、取引先や協力者など社外の第三者が含まれている場合、発行するオプションの上限数が開示されていない場合にも、賛成しないことが明らかにされている。

   一方、報酬型ストックオプションについては、業績達成が条件となっておらず、3年間の行使禁止が規定されてない場合には反対する、というルールが設けられている。このように、ISSの議決権行使助言基準には1階から4階には見られない厳しいルールが定められている。今後、さらにルールが厳格化する可能性もあるので、法務担当者は、行使助言基準の更新に対して十分な注意を払う必要があるだろう。

「もの言う株主」の存在感が増す中で、外国人機関投資家を含む機関投資家の株主総会における影響力は、今後ますます強まっていくだろう。企業の法務担当者には、機関投資家の問題意識や関心を的確に把握し、臨機応変にそのニーズを取り込んだ運営方法を会社側に提案していく姿勢が望まれている。そのためには、ここで挙げた5階建ての規制を1つひとつ理解する必要がある。

第7章 国際法務の基礎（主に新興国進出に関する法務問題）

　企業のグローバル化が進む中で、国際的な法務問題は、法務担当者にとって無視できない課題となりつつある。とりわけ近時は、中国やインド、ベトナムなどの新興国・途上国へ進出する企業が増加しているが、これらの国々には、先進国には見られない独特のリーガルリスクが存在する。アメリカにおける訴訟対応や英文契約書などに関わる問題への対応については、数多く出版されている他の解説書に譲るとして、本章では、対策ニーズが高まる新興国・途上国における法的問題を中心に扱いながら、基礎的な国際法務のゲームのルールを紹介したい。

1 │ 国際法務というゲーム

　国際ビジネスに関わること、もしくは海外の現地法人などへの赴任は、いうなれば「アウェイ（相手の本拠地）」での戦いを意味する。その戦いの構図は［図表45］のような形になる。

　アウェイでの戦いでは、日本での「常識」、「商慣習」、「暗黙の了解」や、これまでの「人間関係」などはまったく通用しない。そのため、現地での「常識」、「商慣習」、「ルール」、「法律」を知ることが何よりも重要な意味を持ってくる。加えて、暗黙の了解や人間関係が通用しないことから、書面化された「ルール」、「契約書」、「連絡文書」を重視し、ビジネス活動を行わなければならない。

　さらに、現地の取引先や現地の社員、あるいは現地の入社希望者などの日系企業に対する見方は、「外資の新参者」に他ならない。特に新興国においてはその傾向が強まるため、日本人社員と同等の会社への帰属意識や忠誠心を、現地社員に期待することは難しい。さらに、仕入先（メーカー）や顧客の信用度が未知数である場合が多いことも、国際ビジネスで日本企業が直面する課題の1つである。

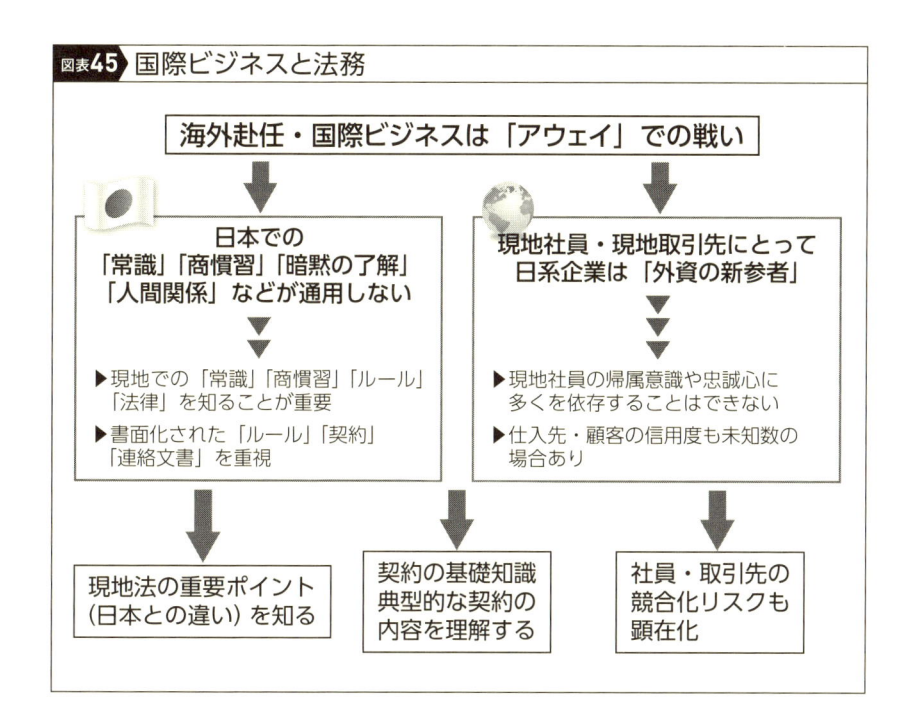

図表45 国際ビジネスと法務

海外赴任・国際ビジネスは「アウェイ」での戦い

日本での「常識」「商慣習」「暗黙の了解」「人間関係」などが通用しない
- ▶現地での「常識」「商慣習」「ルール」「法律」を知ることが重要
- ▶書面化された「ルール」「契約」「連絡文書」を重視

現地社員・現地取引先にとって日系企業は「外資の新参者」
- ▶現地社員の帰属意識や忠誠心に多くを依存することはできない
- ▶仕入先・顧客の信用度も未知数の場合あり

- 現地法の重要ポイント（日本との違い）を知る
- 契約の基礎知識 典型的な契約の内容を理解する
- 社員・取引先の競合化リスクも顕在化

　このように、国際ビジネスには、国内ビジネスには見られない、いくつかの特質がある。そこでまず、現地の業者と取引を行う際には、重要となるのはどのような法令か、日本と根本的に違うのはどのような点か、といった情報を入手する必要がある。また、書面化された契約書がより重要となるため、契約に関する基礎知識や典型的な契約の内容を十分に理解しておかなければならない。さらに、退職した現地社員や取引先が、自社の競合となることにも警戒しておかなければならない。特に中国をはじめとするアジアの国々では、実際に退職した社員や取引先が競合化する事例が頻繁に起こっており、進出した日本企業に少なからぬダメージを与えている。

2｜国際契約の特徴

　国際法務を扱うためには、国際契約に関する十分な理解が求められる。そ

の特徴は、国内契約と比較して契約書が「長くて細かい」ことである。ここでは、その理由を考察しながら、国際契約への理解を深めていく。

(1) 国をまたがる取引

　国際取引は、輸送距離が長く、輸出入手続が必要となる。そのため、国内よりもコストがかさみ、商品の受け渡しをどこで行うかによって、物の値段も変わってくる。そのような事情を契約書の文言に反映しようとすると、例えば、価格を決定するにしても「商品の引渡地点は○○とする。同地点までの輸送料等のコストを含めて、価格は○○ドルとする」というように、契約書の長文化が避けられなくなる。

　さらに、互いの通貨が異なることから、商品の値段を決める際の基準通貨や、急激な為替変動が起きたときのリスク配分についても、あらかじめ定めておく必要がある。このような為替に関する取引ルールの記載が求められることも契約書のボリュームが増す一因となっている。

(2) 言語・文化の違い

　国際契約においては、そもそも契約書をどの国の言語で作成するかが問題となる。例えば、取引相手が中国の地方企業である場合、契約書を英語で作成するのか、それとも中国語で作成するのか、あるいは韓国のメーカーであれば韓国語でまとめるのかなどを、相手の言語能力を考慮した上で、交渉によって決めていくことになる。

　また、文化・商慣習も違うため、海外では日本流の「言わなくてもわかる」は通用しない。そのため、日本では常識とされている事柄についても、契約書の中で詳細に説明する必要が出てくる。一例を挙げると、日本では「末締めの翌20日払い」と言えば、「毎月月末までに引き渡された商品は、その代金を翌月20日に支払う」ということが暗黙の了解となっており、契約書の中で説明するまでもないことである。しかし、国際契約では、その言葉の意味する内容を相手が十分に理解できるよう、契約書の中で理解させる必要がある。

さらに、日本と海外の契約書の相違については、「契約観」の違いが大きく反映されているように思われる。近年は徐々に認識が変わってきたものの、日本では、契約書の締結は、両社のトップがサインして握手することに意義がある。つまり、「契約」とは「儀式」にすぎないという見方が一般的である。そのため、契約書の中身がさほど重視されず、細かな部分まで読み込まれることは少ない。一方、アメリカでは「契約」はまさに「ルール」であると受け止められているので、取引に関するすべてのルールは契約書に遺漏なく書き込まれ、読み手も細かなところまでくまなく読み込むことが当然とされている。

(3) 国による法律の違い

　国際契約では、契約書を自国と取引相手国のどちらの法律に準拠して解釈するか、すなわち「準拠法」について取り決めなければならない。また、トラブルが起きたときに裁判（仲裁）を行う国についても合意しておく必要がある。このように、契約解釈の基準となる法律、裁判を行う国などについても配慮しなければならないために、国際契約の内容は複雑にならざるを得ないのである。

　準拠法を決める際には、まず、相手国、すなわち「アウェイ」の法律・「アウェイ」での裁判は、こちらにとって大きな不利が予想されるだけに、できれば避けたいところだ。この問題については、さらに特別な用心が必要となる「特定国」もある。裁判所が腐敗しており賄賂で判決が左右されかねない国、裁判所が腐敗しているとまでは言えないものの、現地企業に有利な「ホームタウン・ディシジョン」的判決が下される傾向の強い国、判決まで5年～10年もかかるような長期間にわたる訴訟が当たり前の国、などである。このような「特定国」で裁判をしなければならない事態に陥ることは、なんとか避けたいところである。

　紛争解決の手段として、自国での訴訟が難しい場合には、次善の策として、第三国での仲裁についても検討してみよう。例えば、インドもしくはインドネシアの企業との契約であれば、選択肢の1つにシンガポールでの仲裁を加

えてみてもよいだろう。

　また、中国企業との取引契約で紛争解決の手段を選択する際には、一見有利に見える日本での訴訟より、仲裁機関の利用を検討すべきである（もちろん中国で訴訟を起こすという方法もあるが）。日本の裁判所で出された判決は中国では法的効力を持たず、勝訴しても執行できないという問題があるが、仲裁を選択した場合には、たとえ仲裁地が日本であったとしても、その結果は、国際条約に基づき中国でも効力を有するためである。

3 | 社員の競合化リスク

（1）社員の競合化リスクの構図

　前述した国際法務に関する一般論を前提として、ここからは、新興国・途上国に固有のリーガルリスクのうち、特に重要なものをいくつか解説していきたい。

　初めに取り上げるのは、「社員の競合化リスク」である。これは、先に触れた現地社員の会社に対する帰属意識の低さに由来するリスクであり、特に中国に進出した企業であれば、多かれ少なかれ、この問題に直面することになるはずだ。まずは、［図表46］をもとにその構図を見ていこう。

　社員の競合化は、自社または自社の現地子会社、現地法人の社員が、自社の業務や顧客・取引先との交渉に従事して、仕事のノウハウ技術を覚え、顧客をつかんでいくことから始まる。一般的な日本のビジネスパーソンであれば、そのような経験の積み重ねを社内でのキャリアアップに生かしたいと考えるだろうが、転職率の高い国の現地社員は、それらをより条件のよい他社へ移るために利用しようとすることが多い。特に、経済が成長途上にあり、転職先が容易に見つかる新興国・途上国ではその傾向が強い。

　さらに、「仕事の内容とコツはだいたいわかった。これなら自分でもできる」と考えた社員が退職・独立し、勤めていた会社を模倣するような競合会社を起業、あるいは出資することもある。そのような例は中国などに多く見られ

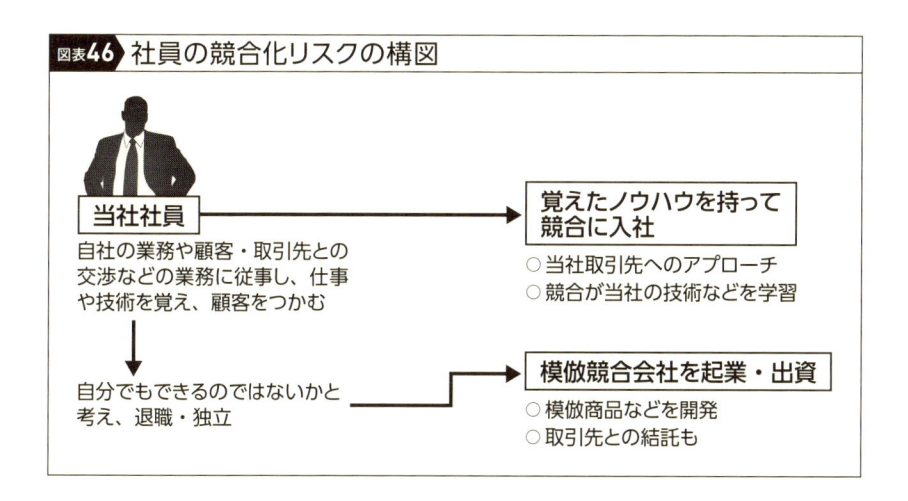

図表46 社員の競合化リスクの構図

当社社員
自社の業務や顧客・取引先との交渉などの業務に従事し、仕事や技術を覚え、顧客をつかむ

↓
自分でもできるのではないかと考え、退職・独立

→ **覚えたノウハウを持って競合に入社**
○ 当社取引先へのアプローチ
○ 競合が当社の技術などを学習

→ **模倣競合会社を起業・出資**
○ 模倣商品などを開発
○ 取引先との結託も

る。このようにして設立された競合会社は、自社商品の模倣品の開発や、自社の取引先と結託（自社の仕入先から製品の供給を受けるなど）して、競合事業を行うこともある。

(2) 社員の競合化と法律問題

　法務担当者は、このような現地社員の競合化リスクをどのような法律問題としてとらえ、いかなる対策をとるべきだろうか。具体的なアプローチとしては、以下の2つが考えられる。

　① 秘密保持義務違反

　海外子会社であっても、通常は国内の本社と同様、就業規則や雇用契約に会社の秘密条項を遵守することを求める秘密保持義務の定めが置かれている。したがって、現地の元社員が新たに入社した競合会社、あるいは自ら設立に関与した新会社で自社の秘密情報を使用した場合には、理屈の上では、秘密保持義務違反を追及することができるはずである。

　しかし、現地の元社員が、自社からどのような情報を持ち出したのかを立証することは、決して容易ではない。そのため、元社員が秘密情報を流用した事実を明らかにし、その責任を問うことができるケースは、実際にはほと

んどないだろう。つまり、事後に秘密保持義務違反を追及することよりも、日ごろから社内の情報管理を徹底し、情報流用を事前に防止することの方が、より現実的な対策となる。自社にとって重要な秘密情報へのアクセスに制限をかけることはもちろん、データ管理のために利用していた社用パソコンなどが退社時に持ち出されないよう厳しくチェックするなど、情報の返却に対する万全の措置をとることが大切である。

② 競業避止義務違反

一般的に、多くの企業は従業員の在職中の兼業・競業を禁止している。社員の競合化リスクに備えるためには、さらに、退職後の競業禁止義務を課すことが望ましい。しかし、退職後の競業禁止は職業選択の自由に関わる問題であるため、法律などで一定の制限を設けている国もある。例えば、中国では、企業が退職した元社員の競業を禁止する場合、禁止期間中の「経済補償金」の支払を企業に義務付けている。

法務担当者は、そのような制約の存否と内容を調査した上で、法的に可能な範囲で退職後の競業避止義務を定めることを、検討・提言することが求められる。

4 | 外資への規制

(1) 法制度・行政システム進化論

新興国・途上国に進出した企業が、まず間違いなく頭を悩まされるのが、外資に課される特別な規制であろう。ここでは、国際ビジネスにおける外資規制問題に取り組む上で、法務担当者が理解しておくべきポイントを解説したい。

まずは、[図表47]の「法制度・行政システム進化論」を見てほしい。これは、国の発展・成熟に応じて、以下の5つの問題がたどる変化の傾向を、筆者が整理したものである。

図表47 法制度・行政システム進化論（2013年時点）

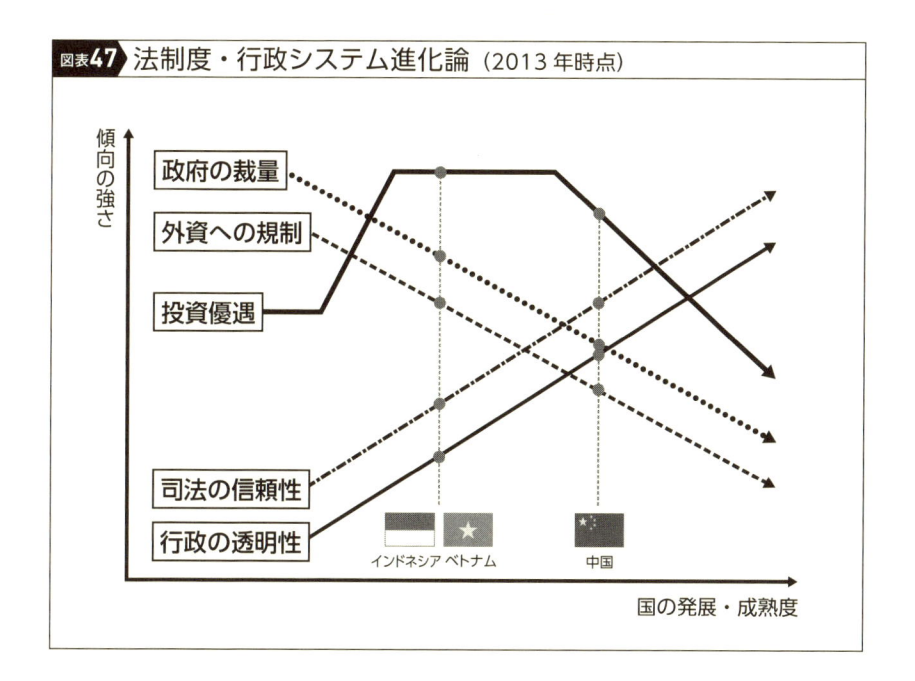

- 政府の裁量
- 外資への規制
- 投資優遇
- 司法の信頼性
- 行政の透明性

　横軸は右に進むほど国が発展・成熟していくことを、縦軸は上に行くほど、それぞれの傾向が強まることを示している。グラフを見ればわかるように、国の発展度が最も低い段階では、「政府の裁量」が強く、「外資への規制」も厳しく、「投資優遇」もほとんど行われない。しかも、「司法の信頼性」と「行政の透明性」はゼロに近い。このような状況では、ほとんどの企業が当該国への進出をためらうに違いない。

　しかし、国が発展・成熟するにつれ、徐々に司法の信頼性や行政の透明性は高まっていく。その一方で、政府の裁量や外資の規制は次第に弱まってい

くのである。外資の導入によって発展を図る段階では、積極的な投資優遇策がとられるのが一般的な傾向である。しかし、発展が一定の段階に達すると、優遇は頭打ちとなり、やがて抑制されていく。

これはあくまでも印象にすぎないが、2013年現在、世界経済の牽引役としての地位を固めつつある中国の成熟度はグラフの中央やや右に、成長著しいインドネシアやベトナムなどは、中央やや左あたりに位置しているのではないかと筆者は考えている。

(2) 外資への規制と優遇のジレンマ

法制度・行政システム進化論に見られるこのような傾向に鑑みると、外資への規制と投資優遇の間には、[図表48] に示したような一種のジレンマが存在することがわかる。

新興国・途上国は、外貨の獲得や技術の導入、雇用機会創出を目的として、外国からの投資を促進したいという思惑を持っている。だが、その一方で、国内産業保護の見地に立つと、外国からの投資を警戒する必要もある。特に国際競争力のない産業や零細企業の多い産業については、より警戒心を強めるはずだ。

こうしたジレンマを反映する形で、新興国・途上国においては、外資への

図表48 外資への規制と優遇のジレンマ

外国からの投資を促進したい	外国からの投資を警戒する
○ 外貨の獲得 ○ 外国資本の技術の導入 ○ 雇用機会の創出	○ 国内産業の保護 ○ 特に国際競争力のない産業、零細企業の多い産業への影響を懸念 ○ 日本の農業も同様

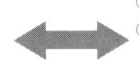

このジレンマから、外資への「規制」と「優遇策」が並存

○ 外資を呼び込みたい産業 ➡ 減税・安価な工業団地などの優遇策
○ 国内企業を保護したい産業 ➡ 外資の進出を禁止、または許認可制とする

規制と投資優遇策が並行的に実施されることになる。すなわち、外資を呼び込みたい産業については、減税や安価な工業団地への誘致などを積極的に行い、その一方で、国内企業を保護したい産業については、外資の進出そのものを禁止する、あるいは許認可制による厳しい制限を課す、という構図である。

(3) 外資への規制の形態

上記のような相矛盾した構図の中で、外資への規制は通常、以下の3つの形態で行われることになる。

① 外国資本の投資の禁止

外国資本による投資・事業を禁止する。ことに途上国では「小売業」、「サービス業」に対する投資や進出が禁止される場合が多い。

② 出資比率の規制

現地法人を設立する際に、一定比率以上の国内資本を入れることを義務付けられる場合がある。このような規制がある場合には、進出目的国の企業と合弁会社を設立することを検討しなければならない。

③ 許認可（ライセンス）制度

ライセンスを受けることを条件として事業を認める制度であるが、その運用は国や許認可の対象となる業種、さらには許認可申請時の個別の状況によりまったく異なってくる。当該業種に関する事業が事実上禁止されており、申請してもほとんど認可されることがないケースや、申請さえすれば確実に認可されるケース、認可のために当局との交渉が必要となるケースなど、さまざまなパターンがありうる。

許認可制度については、このように不明瞭な部分が多いので、新興国・途上国で新規に現地法人を設立する場合や、新たな事業を始めるときには、現地の制度の中身や運用状況に関する十分な調査が不可欠である。

5 | 贈収賄リスク

（1）贈収賄の構図

最後に、贈収賄のリスクについて取り上げる。贈収賄への対応は、ことに途上国に進出した企業にとっては、避けては通れない問題といっても過言ではなく、その構図としては［図表49］に示した2つのパターンが考えられる。

第一は、企業側から積極的に働きかける典型的な賄賂である。金品を供与し、その見返りに政府機関向けの商談を獲得する、あるいは他の外資企業には認められていない特別な認可や便宜を獲得するのが、その典型的な例である。

第二は、腐敗した政府からの要求に消極的に応じるパターンである。前述のように、発展度の低い途上国の場合には、政府の裁量が大きく、行政の透明性が低いため、許認可権限や行政裁量を楯に、政府側から金品を要求してくることが少なくない。「消極的に対応する」とは、現地での事業に必要な許認可を得られないといった不利益をおそれて要求に屈し、金品を供与してしまうことを意味する。消極的対応も贈賄を行ったことには変わりなく、積極的働きかけと同様に処罰の対象となることに注意しておく必要がある。

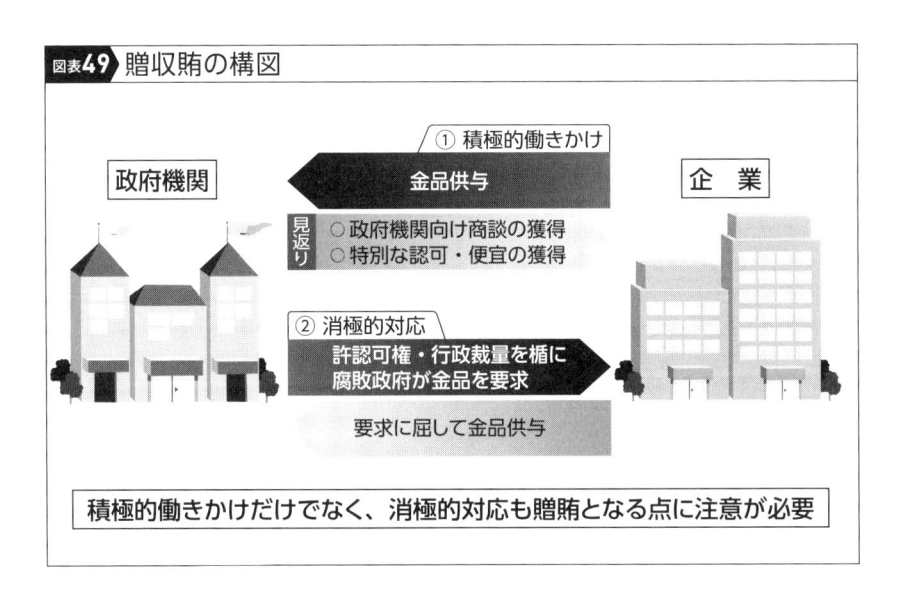

図表49　贈収賄の構図

政府機関 ← ① 積極的働きかけ　金品供与 ← 企業
　見返り：○ 政府機関向け商談の獲得
　　　　　○ 特別な認可・便宜の獲得

② 消極的対応
　許認可権・行政裁量を楯に腐敗政府が金品を要求
　要求に屈して金品供与

積極的働きかけだけでなく、消極的対応も贈賄となる点に注意が必要

(2) 贈収賄への法規制

贈収賄リスクは、具体的には、以下に挙げるような法的規制を課される形で表れることになる。

① 各国の刑法・贈収賄禁止法

日本では刑法で収賄・贈賄が禁じられているが、諸外国でも、一般的に法律で原則禁止とされている。もっとも、国によって取締りの運用にはバラツキがあり、中には役人による賄賂の要求が発覚しても、ほとんど処罰されないような国もある。ちなみに、日系企業の進出が盛んな国の中では、インドネシア、ベトナムの腐敗度は特に高いと言われている。

② 国際条約

腐敗度が高く、贈収賄が半ば公然と行われるような国では、役人に賄賂を贈った企業が有利に事業活動を進めることになる。だが、このような不当な手段による利益の獲得は、商取引の公平性を損なうものである。そのため、外国公務員への贈賄は、「外国公務員贈賄防止条約」という国際条約によって、国際的な規制が図られている。

同条約では、国際商取引における不当な利益の取得・維持のために、外国公務員に対する金銭またはその他の不当な利益の供与が禁止されている。これは経済協力開発機構（OECD）が策定した条約であり、いわゆる「先進国クラブ」と呼ばれる加盟国は等しくその拘束を受け、外国公務員への贈賄禁止を法律で定める義務を負っている。

③ 不正競争防止法

もちろん我が国も、外国公務員贈賄防止条約の加盟国であり、外国公務員への贈賄を禁じている。それを具体的に定めているのは「不正競争防止法」である。参考までに、該当する条文を以下に引用する。

> 「何人も、外国公務員等に対し、国際的な商取引に関して営業上の不正の利益を得るために、その外国公務員等に、その職務に関する行為をさせ若しくはさせないこと、又はその地位を利用して他の外国公務員等にその職務に関する行為をさせ若しくはさせないようにあっせんをさせることを目的として、金銭その他の利益を供与し、又はその申込み若しくは約束をしてはならない。」（不正競争防止法・第18条「外国公務員等に対する不正の利益の供与等の禁止」）

このように、海外でのビジネスにおける現地役人への贈賄は、国内の不正競争防止法違反の取締りの対象となる。実際に、政府開発援助（ODA）に絡んだ案件では、日本の商社などが同法違反で摘発される例も見られる。

(3) 贈収賄リスクの防止策

外国公務員への贈賄は、これらの法的規制を受けるだけでなく、許認可の取り消しや、自社のイメージ低下など、事業全体に計り知れないインパクトを及ぼす重大なものである。では、そのような贈収賄リスクを防止するために、法務担当者としてどのような対策をとるべきだろうか。具体的には、以下の防止策が考えられる。

①「積極的働きかけ」の金品供与は厳禁とする

日本人社員以外の現地社員に対しても贈賄には大きなリスクがあることを周知徹底する。

② 腐敗役人につけいるスキを見せない

現地の法令で定められた登記や申請の義務を怠ったために、政府の役人から「これがばれたら会社にとって不利益になるぞ。見逃してやるから金を出せ」と要求されることも、しばしば起こるケースである。このような腐敗役人には、決してつけいるスキを与えてはならない。手続漏れ、違反、記載の

不手際などのミスを犯さぬよう、法務担当者は念入りなチェックをするとともに、現地法人の担当者への指導も行わなければならない。

③ 政府機関との関係についての情報収集を行う

他の日系企業の関係者、現地弁護士、外部コンサルタントなどに、当該国における腐敗役人の存否を問い合わせてみるのが非常に効果的である。その際には、地元政府・役人との付き合い方に関して、注意すべき点、問題になりやすい点などをヒアリングしたい。腐敗役人の手口を十分に知ることによって、より実効性のある贈収賄リスクの予防策をとることが可能となるだろう。

少子高齢化により国内市場が縮小していく中、多くの日本企業が海外進出に活路を求めている。新興国、発展途上国を相手としたビジネスの比重は飛躍的に高まり、当該国における法務問題は、まさにリーガルリスク・ジャングルの様相を呈している。特に、本章で扱った社員の競合化リスク、外資の規制、贈収賄リスクは、対応を誤った場合、現地でのビジネス展開に深刻な影響を与えるおそれがある。法務担当者は、当該国における情報とネットワークのアップデートを怠ってはならない。

これから先も日本企業にとって難しい時期は続くであろうが、それだけ法務担当者の活躍の機会が生まれるというものである。法務担当者は、自社の目標達成のため、法務の誇りと気概を持って日々の業務に取り組んでもらいたい。

事項索引

あ

アイディア出し ……………………… 109
アウトプット ………… 18, 39, 40, 41, 51
アソシエイト ……………………… 135
アメリカ化 ………………………… 24

い

意見書 ……………………………… 139
一般化 ……………………………… 23
依頼者への回答 ………………… 63, 72
依頼内容 …………………………… 49
依頼文書 …………………………… 86
インサイダー取引規制 …………… 214

う

請負 ………………………… 184, 186, 187

え

エスクロー・エージェント ……… 178

お

OEM売買契約 …………………… 159
オリンパス事件 …………………… 27

か

会議の招集通知 …………………… 73
会計士 ……………………………… 134
外国法共同事業 …………………… 136
外国法事務弁護士事務所 ………… 136
外国公務員贈賄防止条約 ………… 233
外資規制 ……………………… 28, 228
外資系法律事務所 ………………… 136
会社法 ……………………… 213, 214
外資優遇政策 ………………… 28, 229
開発委託契約 ………………… 32, 172
開発遅延・不能リスク …………… 176

外部専門家 ……………………… 94, 134
価格 ………………………………… 168
瑕疵担保責任 ……………………… 152
ガバナンス ………………………… 27
株主総会 …………………………… 207
株主総会議事録 ……………… 88, 209
株主総会の第二事務局 …………… 209
カルテル …………………………… 27
官公庁のガイドライン …………… 96
官公庁の発表 ……………………… 96
監査法人 …………………………… 134
監査役選任 ………………………… 219

き

機関設計 …………………………… 214
機関投資家 ………………………… 210
機関投資家の議決権行使ガイドライン
　　　　　　　　　　　 211, 213, 215
議決権行使 ………………………… 211
議事録 …………………………… 72, 88
義務 ………………………………… 66
競業避止義務違反 ………………… 228
協調型交渉 ………………………… 115
業法 ………………………………… 31
業務用システム開発契約 ………… 181
許認可制度 ………………………… 231
金融商品取引法 ………………… 213, 214

く

グッドコップとバッドコップ …… 131
クライアント ………………… 18, 38, 41
グローバル化 ……………………… 24
グローバル・スタンダード …… 24, 25

け

経済補償金 ………………………… 228
契約 …………………………… 35, 150

契約関連業務	54
契約交渉	125
契約書ドラフト	38, 65
契約書の再修正	63
契約書の修正	59, 65
契約書の修正案	59, 62
契約書レビュー	54
契約審査	54, 56
決算短信	214
権利	66

こ

項	67
号	67
合意書	199
公告	214
交渉	112
交渉の基本スタンス	113
交渉ののりしろ	130
効力残存条項	67
国際契約	223
5大法律事務所	137
顧問契約	136
顧問弁護士	140
コンプライアンス	25, 27

さ

サービス	31
最恵顧客待遇（条項）	160
最恵国待遇	161
最低購入保証（条項）	128, 155, 160
裁判	225
再販売価格維持行為	156

し

事業報告	208
事業目的	214
システム開発契約	180
システム開発契約の瑕疵担保責任	188
システム開発契約の損害賠償額	188
司法書士	134
司法制度改革	137
シャープ対サムスンの特許訴訟	27
社員の競合化リスク	226
社内への通達	73
準委任	184, 186, 187
準拠法	225
章	67
条	67
証券取引所規則	213, 214
証拠	205
条項の追加・削除	67
条項番号	63
証人	205
消費者	32
商品	31
剰余金の配当	216
食品安全基本法	31
新興国	26
新興国・途上国に固有のリーガルリスク	226
新法の制定	93

す

ステークホルダー	27
ストックオプション	220

せ

成功報酬	136
製造委託契約	172
製造物責任法	31
税理士	134
セクレタリー	135
説明コメント	63

そ

総会屋	210
贈収賄リスク	28, 232

ソースコード	178, 188	独占禁止法	27, 32, 94, 156, 159
訴訟	34, 200	独占販売権	155
ソフトウェア	31, 172, 178, 180	独立役員	214
ソフトウェア・エスクロー	178	途上国への進出	28
ソフトウェアの著作権	189	特許侵害	152, 170
損害賠償	170, 202	取締役会議事録	88
		取締役選任	217
		取引基本契約	161

た

対価と横展開のトレードオフ	174
タイムチャージ	137, 187
対立型交渉	121
代理店契約	128, 154
代理店政策	158
但し書き	67
談合	32

取引内容 …… 48
取引内容のビジュアライズ …… 47, 57

な

内部統制 …… 214

は

ハードウェア	31, 180
パートナー	135
パートナーシップ制	135
売買契約	150
パッケージソフトウェア	181
パッケージディール	130
パブリックコメント	97
パラリーガル	135
判例	93

ち

着手金	136
仲裁	225
直接交渉	132

つ

通達 …… 96

て

定款	213, 214
定義	66
定義条項	66
定時株主総会	207
ディスカバリー制度	205
ディスクロージャー	25, 27
適時開示	97, 210, 213, 214
テレビ会議	110, 132
電話会議	110, 132

ひ

ヒアリング	20, 38, 47
ビジネス文書	72
秘密保持義務違反	226
秘密保持契約	45
ピラミッドストラクチャー	77
品質クレーム紛争	192
品質保証（条項）	59, 170
品質保証期間の骨抜き	164

ふ

ファイナンシャルアドバイザー	134
不正競争防止法	233
ブレインストーミング	109

と

東京証券取引所	214
投資銀行	134
東証規則	214

紛争解決 ……………………………… 192

へ

変更覚書 ……………………………… 57, 167
弁護士 ………………………………… 134
弁護士への相談・依頼 ………………… 73
弁護士法人 …………………………… 135
弁理士 ………………………………… 134

ほ

法改正 …………………………………… 93
報告書 ……………………………… 72, 87
法の主張文書 …………………………… 89
法的紛争 ………………………………… 34
法務回答文書 …………………………… 84
法務業務の一般的な流れ ……………… 38
法律案 …………………………………… 97
法律事務所 …………………………… 135
法令 ……………………………………… 96
保守運用契約 …………………………… 32
ボリュームディスカウント ………… 160

ま

マーケットシェア ……………………… 95

み

ミーティング …………………………… 99
民事訴訟 ……………………………… 201

や

役員の数・選任 ……………………… 214
薬事法 …………………………………… 31

ゆ

有価証券報告書 ……………………… 214
有料データベース ………………… 94, 96
ユーロ危機 ……………………………… 26

よ

要件定義 ……………………………… 184
要綱 ……………………………………… 97
要綱案 …………………………………… 97

ら

ライセンス契約 ………………………… 32

り

リーガルリサーチ ……………………… 92
リーガルリスク ………………………… 27
リーマンショック ……………………… 26
利害 …………………………………… 116
リコール ……………………… 170, 198
リスク・アロケーション …………… 169
臨時株主総会 ………………………… 207
臨時取締役会 ………………………… 212
臨時報告書 ………………………… 210, 212

れ

例外 ……………………………………… 67
レガシー・システム ………………… 183

わ

ワイヤーハーネス談合 ………………… 27
和解 ……………………………………… 34

A-Z

B to B …………………………………… 32
B to C …………………………………… 32
BATNA ………………………………… 113
ERP …………………………………… 181
ISS ……………………………… 211, 215
J-Sox ………………………………… 214
MECE …………………………………… 78
Patent Attorney …………………… 135
QCD …………………………………… 162

瀧川 英雄（たきがわ ひでお）

1964年8月10日生まれ。1987年神戸大学法学部卒業。同年電子機器メーカー・オムロン株式会社に入社。法務・総務部法務担当課長などを務めた。現在は、FAメカニカル部品大手メーカー・株式会社ミスミを中核とする株式会社ミスミグループ本社法務室ジェネラルマネジャーとして、法務業務と後進教育にあたる。

スキルアップのための
企業法務のセオリー
―実務の基礎とルールを学ぶ―

平成25年2月14日　初版第1刷発行

著者　瀧川英雄（たきがわひでお）

発行所　レクシスネクシス・ジャパン株式会社
　　　　Tel：03-5787-3582／Fax：03-5787-3512
　　　　URL：www.lexisnexis.jp

装幀　志村正人＋黒羽拓明（SANKAKUSHA）
DTP　辻井知（Somehow）
協力　鈴木健一
印刷・製本　シナノ書籍印刷株式会社

Ⓒ H. Takigawa, 2013
Printed in Japan
落丁本・乱丁本はお取替えいたします。
ISBN 978-4-902625-60-8